だめの教えって素晴らしい！

誰でもわかるキリスト教、仏教、イスラームとの違い

飯田照明

まえがき

本教はだめ（究極）の教えである。

しかし本教のどの教えが、どのようにだめの教えであるかは、他宗と比べてみないとなかなか納得できない。そこで他宗の教えとの比較が必要となる。

私が他宗との比較に取り組んだのは、立教百二十七年（一九六四年）に、二代真柱様が道をおつけくださったコンゴ・ブラザビル（旧称）へ、政府から正式に布教認可を取り、そして信者さんに教義を教えるために行った時である。

現地では、アジア方面から来た宗教だから仏教だと思う人が多くいた。一方、キリスト教の一派と思う人も大勢いた。当時、コンゴではキリスト教、特にカトリックが盛んであり、学校ではフランス語を教えると共にカトリックの教理を教えていたので、参拝にくる人もキリスト教の教えをよく知っていた。十七歳の青年から「天理教では神義論《しんぎろん》をどう教えているか」と聞かれた。神義論とは善なる神がどうして悪魔《あくま》の存在を許しているのかという、キリスト教最大の難問である。

そこで、本教と仏教とキリスト教の違いを比較しつつ教えなければならなかった。もう一つキリスト教を集中的に勉強する必要があったのは、日本において、キリスト教系のカルトである統一教会やエホバの証人（ものみの塔）が若いようぼくを狙って勧誘《かんゆう》していたときである。これらキリスト教の異端《いたん》と正統キリスト教の教えの違いを明らかにし、そして本教の卓越性《たくえつせい》とありがたさを教える必要があった。

二代真柱様は世界三大宗教を学び、そのウイークポイントを究明《きゅうめい》せよと訓示《くんじ》されたことがある。

昭和十七年（一九四二年）に創設された亜細亜《アジア》文化研究所（おやさと研究所の前身）の開所式で、二代真柱様は所員に対して次のように訓示されている。

「世界には布教伝道するのが極めて難しい宗教（例えばイスラーム）がある。が、その宗教の根強い伝道対策なり、信仰なりに圧倒《あっとう》されることなく、そこには如何《いか》なるウイークポイントがあるか、そのウイークポイントを衝《つ》くにはどうすべきかというところまで掘り下げることが大切である。一般的な研究をして、それを発表しさえすれば良いというがごとき、

お座《ざ》なりのものでは決してあってはならない」。（筆者・一部を要約）
二代真柱様はまた少年会の幹部会でも、長い歴史をもつ仏教やキリスト教に立ち向かう場合、本教の歴史が短ければ短いほど努力を多くしないと追いつかないと訓示されている。

セム系一神教であるユダヤ教、キリスト教（カトリックを除く）、イスラームは互いに対立する。他の神やその神を信仰する者を悪魔として排撃《はいげき》する。

一方、本教は他宗の教えを尊重し、宗敵《しゅうてき》を作らない。なぜなら世界三大宗教やその他の教えは、親神さまが、人類の心の成人の段階に応じて、多くの開祖や始祖《しそ》、預言者《よげんしゃ》や哲人を通して教えられたものだからである。従って他宗の教えも親神さまの御教えの一部であり、修理肥の教えである。

仏教やキリスト教にも立派な教えがあり、尊敬《そんけい》すべき名僧・高僧や聖人・聖職者がおられる。

従って当然のことながら他宗の教えに対しても敬意を払わねばならない。宗敵の教えだとか邪教《じゃきょう》として敵視《てきし》してはならない。他宗の人々も皆親神さまの可愛い子供であり、仲良く互いに救け合って生きる道をお教えくださった。宗教戦争や宗教対立や宗派対立など絶対に起こらない、平和を実現する教えである。

セム系一神教は神の偉大さを徹底的に強調する。そのこと自体は結構であるが、その神が創り出した人間や自然の大切さ尊さは説かない。神の偉大さに比べ、被造物《ひぞうぶつ》である人間や自然の価値や尊さを軽視《けいし》し、ないがしろにする。

それに対して本教では、人間と世界の創造目的とその存在理由を明示し、そして神人和楽の陽気ぐらしへの道を明らかにしてくださった。

神の偉大さを説く教えは多い。しかし、神の偉大さと共に人間の生命の尊さと有難さを、これほど明らかにしてくださった教えは他にない。争いも戦いもない平和で幸せな世界建設のための教えである。この御教えが、世界中に拡《ひろ》がれば、これからの人類の歴史の未来は明るい。この世治める真実の道を拡めることが私たちようぼくに与えられた重大な使命である。

比較する上で一番難しいことは、沢山ある他宗の教義を正確に知ることである。これには秀《すぐ》れた語学力と相当の時間がかかる。

この拙著《せっちょ》を踏《ふ》み台にして、教祖百三十年祭後のこれから、道を歩むようぼくの皆様方が少しでも御教えに対して自信と誇りをもっていただければ、これにまさるよろこびはない。

なお、本書は自費出版した拙著三冊（『だめの教えと他宗教』、『だめの教えのすばらしさ』―他宗との比較を通して―、『教理随想』）から抜き出してまとめたものですので、同じことを繰り返している箇所が多くなりました。その点は、どうかよろしくご理解くださるようお願いいたします。

著　者

※本書はⅠ部とⅡ部に分かれていますが、Ⅱ部はⅠ部のおさらい（復習）として簡潔にまとめたものです。また、本書はどの項目から読み始めてもいいと思います。関心のある所から、お読みください。

目次

だめの教えって素晴らしい！

誰でもわかるキリスト教、仏教、イスラームとの違い

Ⅱ　だめ（究極）の教えの何とありがたいことか！

キリスト教、仏教、イスラームと比べて

表紙カバー・横田種生

I

何がだめ（究極・最後）の教えなのか

キリスト教、仏教、イスラームと比べて

啓示について

①親神さま、教祖《おやさま》の教えはだめの教え（究極の教え）と言われますが、それでは、他宗の教えはもうなくてもいいのですか。他宗教に対して、私たちはどのような態度をとればいいのでしょうか。他宗と比較するよりも、教《おや》祖《さま》の教えだけを信じていればよいと思っている人がたくさんいます。他宗の教えと比べることについて、教祖《おやさま》はどのように教えておられますか。

これから、他宗教の教え、キリスト教、仏教、イスラームと比較しながら、親神さま・教祖《おやさま》の教えが、究極《きゅうきょく》の、最後の仕上げの教えであることを明らかにしていきたいと思います。

それを行う前に一言はっきりさせておかなければならないのは、お道は決して他宗教を批判したり、敵対《てきたい》したりはしないということです。他の教えも実は、親神さまの教えの一部分であり、だめの教えを説く前に、人間の心の成人に応じて前もって教えられた修理肥《しゅうりこえ》の教えであるからです。教祖《おやさま》が、神社の前を通るときに拝をするように言われたと伝えられていますが、これは、他の教えもそれぞれが人間の心の成人に貢献していることに敬意を表わすようにとの思召と悟らせていただきます。他の教えの中にある立派な点には敬意を表わし、そこから学ぶべきことは十分に学ぶことが大切です。したがって他の教えを、偏見《へんけん》を交えず、できるだけ客観的に正しくとらえて、お道の教えと比べてみたいと思います。

教祖《おやさま》はおふでさきに、

　高山のせきゝよきいてしんしつの
　神のはなしをきいてしやんせ　（三　148）

と記され、有力な宗教や思想と比べて、本教がだめの教え（究極の教え）であるということを思案しなさいと仰せられています。

②天理教は教祖《おやさま》のお口を通して親神天理王命が直々に教えられた「啓示《けいじ》宗教」ですが、同じ啓示宗教であるキリスト教やイスラームとはどのように違うのですか。

世界にはいろいろな種類やタイプの宗教があります。輝く太陽、星のきらめく夜空、白雲をいただく山々、広々とした海、荒れ狂う暴風や雷などの自然の中に神の顕《あらわ》れを感じ取って、それらを崇拝《すうはい》したり、偉大な人や亡くなった人々をカミやホトケとして崇《あが》めるのもあれば、人間が修行を重ねて悟りを開き、深い真理をつかみそれから始まったもの、古くから（伝統）ある教えを自分流に解釈して新しく始めたものなどもあります。

それらと違い、お道は啓示宗教です。啓示宗教とは、目に見えない超越的《ちょうえつてき》で絶対の神がその思い（意志）を明らかにすることから始まった教えのことで、セム（語族）系（註1）の宗教であるユダヤ教、キリスト教、イスラームなどが、啓示宗教の代表とされています。

お道は、親神・天理王命が、教祖《おやさま》を神のやしろとし、その思召を説き明かされたことから始まりました。修行して悟りを開いたり、瞑想《めいそう》したり、神霊《しんれい》と交流したからではなく、三つのいんねん、すなわち教祖《おやさま》魂のいんねん・やしきのいんねん・旬刻限の理の三つのいんねんに基づき、天保九年（西暦一八三八年）十月二十六日に親神さまが表（この世）に顕れ、自ら教祖《おやさま》のお口を通してその思召を説き明かされました。ですから最も典型的《てんけいてき》な啓示宗教です。

では、同じ啓示宗教と言われるセム系の宗教とその啓示がどのように違うのでしょうか。セム系の宗教では、神の啓示は必ず啓示の仲介《ちゅうかい》をするものを通してであり、神からの直接の啓示ではありません。ユダヤ教の場合、啓示を仲介する人・神の言葉を預《あず》かる人、すなわち預言者《よげんしゃ》たちであり、キリスト教の場合は、イエス・キリストに天から神霊《しんれい》が鳩のように舞い下り、イエスの上に下ってきたとあります。イスラームの場合、ムハンマドに対し、天使ジェブラーイールがアッラー（神）の啓示を伝え、彼が最後の預言者であると告げます。

このように、どれも、神が仲介者を通してその啓示を伝達しています。

神→仲介者→人間という経路で啓示が伝えられているのです。

これに対し、お道の場合は教祖《おやさま》は決してセム系宗教に見られるような仲介者ではありません。そうでなく親神さまが直接教祖《おやさま》に入りこみ、教祖《おやさま》を神のやしろとされ、この世に自ら現れられたのです。すなわち教祖《おやさま》のお口は人間の口であるが、その心は月日親神さまであり、親神さまが教祖《おやさま》のお口を通じて人間に語られるという、直接の啓示です。したがって教祖《おやさま》は、親神さまの啓示の仲介者というのではなく、地上の月日、この世の親神さまというお立場なのです。セム系宗教の啓示が、間接的、仲介啓示とすれば、お道の啓示は、直接的、究極の啓示と言えましょう。それが究極的（だめ）である証拠です。

こうしたことのほかにも、その長さ（期間）だけでなく、その内容、とりわけ創造についての啓示を比べてみるとわかります。例えば、セム系の宗教の創造説話、それは旧約聖書《きゅうやくせいしょ》（註2）の「創世記《そうせいき》」ですが、バビロニア（註3）の神話など多くの資料を基《もと》にして創作された物語であり、それとお道の「元初まりのお話」の内容を比べると、お道の教えが人類の親である元の神・実の神の啓示であることがよくわかります。このことは後で人間や世界創造についての教えを比較する時に詳しく記すことにします。

---

③教祖《おやさま》は不思議なおたすけを数々されましたが、シャーマンや霊媒師との違いはどのように説明すればいいのでしょうか。

シャーマン（註4）とか霊媒師《れいばいし》（註5）のお告げなどと教祖《おやさま》の啓示はどう違うのでしょ

うか。その違いを簡単に言うとシャーマンや霊媒師は、神霊とか亡霊《ぼうれい》と交わって予言したり、悪霊を見つけて鎮《しず》めたり、病気を治したりします。すなわち、人間と霊的なものとの仲介者です。

教祖《おやさま》は、神霊とか死霊などの仲介者ではありません。この世人間を創り、育て、守護くだされている元の神・実の神のやしろであり、親神さまの御心《みこころ》を口に筆に、ひながたに説き明かしてくださいました。

シャーマンや霊媒師たちはちゃんとした体系的な教義を教えません。教祖《おやさま》は、一貫した教義をお教えくださいました。すなわち、親神さまについて、そのご守護について、この世の元初まりについて、人間について、正しい生き方について、救《すく》いについて、目指すべき理想の世界とそれを実現する手段などについて詳しく教えてくださいました。シャーマンや霊媒師のお告げと教祖《おやさま》の啓示の基本的な違いです。

本当の啓示と、そうでないシャーマンや霊媒師との違いとは、このように、啓示には救済論《さいろん》（たすけ）を中心としたまとまった、一貫した体系的な教義が説かれていることです。すなわち病気治しや商売繁盛《はんじょう》などというこの世での、さしあたっての現世利益《げんせりやく》だけでなく、末代にわたって人類全体が救《たす》かり幸せになるにはどうすべきかという、根本の救いの途《みち》が説かれています。その中でも特に人間や世界の存在の意味や目的を明らかにした、創造についての真理が説かれています。

また本当の啓示には、救済のための具体的な途《みち》としての儀礼や祭儀や日々の実践の教えがあります。シャーマンや霊術をする人、呪術《じゅじゅつ》を行う人は、超自然的な霊と交わったり、それを扱うための簡単な儀式はしますが、全人類の末代にわたる根源的な救済のための儀礼（お道ではおつとめ）とか、実践（ひのきしんなど）についての教えはありません。

すなわち、一人ひとりの病気を治したり幸せをもたらすことができても、シャーマニズムや呪術は、日常生活の中で教えを倫理や道徳として実践し、それによって人格を向上させ、運命を転換させるということはできません。シャーマニズムや霊の祟《たた》りを説く人々の信仰は高い倫理性や道徳と結びつかず、人生や世界や歴史の目指すべき目標を示すことができません。本当の啓示だけがそのことを教えているのです。また、シャーマンには、信者の社会共同体としての教会や教団がありません。

次に、教祖《おやさま》の啓示はいつまでも人を代《か》えて続けられていくのでしょうか、それとも、本席飯降伊蔵様の「おさしづ」の完了《かんりょう》によって、完結したのかという点ですが、教祖《おやさま》の啓示は、明治四十年六月九日のご本席様のお出直しでもって全て説き終えられ、完了しているのです。それ以後続くということは絶対にありません。なぜなら、教祖《おやさま》はお許しになっていないからです。教祖《おやさま》から許され、真柱様の了承《りょうしょう》の上で、啓示を取り次がれたのは本席様だけです。もっとも本席様は本席に定められる前、すでに教祖《おやさま》から許されて、代わりを務められていました。教祖《おやさま》の啓示は、教祖《おやさま》とその代行《だいこう》を許され、代わって神意を伝えられた本席様の「おさしづ」の終了をもって完了し、完成しているのです。ですから、第二教祖《おやさま》とか第二本席といったものは絶対にありません。もしそんなことを言う人がいたら、ニセもので、教祖《おやさま》の教えをゆがめるものとして決して許せません。

——補　足——

アーノルド・トインビーの驚き

イギリスの有名な文明史家、アーノルド・トインビーがおぢばを訪れた。そして天理教が超越的で絶対の一つの神、この世人間を創出した神を信仰していると聞いて驚いた。日本を含めアジアには創造の神、啓示の神への信仰は絶対にないと信じていたからである。それはセム系宗教にしかないと。そこで彼が思いついたのは、教祖《おやさま》が隠《かく》れキリシタンと接触《せっしょく》されたのではないかということであった。しかし、教祖《おやさま》が隠れキリシタンと接触されたという史実は全くない。啓示の教えの内容もキリスト教とは全く違う。しかも幕末・明治期に発見された隠れキリシタンが信仰していたのは、日本古来の古い信仰であった。評論家の山本七平氏の言葉を借りれば〝日本教〟であった。この世を創造し守護くだされる神とは全く異なった祖先崇拝《そせんすうはい》であった。だから、彼らに対し一からキリスト教を教え直さねばならなかった。

史上空前の直接顕現《けんげん》の啓示

ヨハネス・グーデンベルク大学のウエルナー・コーラ教授は、『法華経《ほけきょう》』という本も出している日本宗教の研究家である。教授は、日本の宗教研究家たちは天理教の教祖《おやさま》を十把《じっぱ》一絡《ひとから》げにシャーマンにしてしまう傾向があることを批判しておられる。親神さまの啓示は世界史上でも日本史上でも初めての啓示である。史上空前の神の直接顕現であるから、日本の宗教研究家には理解できないのである。

今までの人類の歴史の中で最初で最後の真の啓示である。教祖《おやさま》は人類史上、唯一絶対の啓示者であられ、地上の月日親神であらせられる。

・註1……セム（語族）系
西アジア、アラビア半島、北アフリカに分布するセム語系の言語（アッカド語、カナン語、フェニキア語、ヘブライ語、アラム語、アラビア語、エチオピア語など）を話す諸民族の総称で、イスラエル人、アラビア人、エチオピア人、ユダヤ人が含まれ、ユダヤ教、キリスト教、イスラームを生んだ。

・註2……旧約聖書
これはもともとユダヤ教の正典であるが、キリスト教徒はこれをキリストの準備の書とし、キリスト教の正典「新約聖書《しんやくせいしょ》」をこれに加えた。

・註3……バビロニア
西アジアのチグリス・ユーフラテス川の下流地方のことで、世界最古の文明の発祥地。

・註4……シャーマン
トランス（忘我・恍惚）のような異常心理状態によって、超自然的存在（神霊・精霊・死霊など）と直接的接触・交渉をなし、この過程で占い・予言・治病・祭儀などを行う呪術者、宗教的職能者。

・註5……霊媒師
神や死んだ人の霊魂の、言葉や意志を伝える役目をする人。

教祖《おやさま》について

④教祖《おやさま》のお立場は世界三大宗教の宗祖、キリスト教のイエスや仏教の釈迦《しゃか》やイスラームのムハンマドと比べて、根本的な違いはどこにあるのですか。

宗教を分類したり整理するのにいくつかの物差《ものさ》しがあります。そのひとつは宗祖が教えを開いた宗教を創唱《そうしょう》宗教といい、仏教、キリスト教、本教などがそれに入ります。もうひとつは、ある民族と共に自然にできてきた宗教で、宗祖も開祖もいないのを民族宗教と呼んでいます。イスラエル民族のユダヤ教、日本の神道《しんとう》などがこれに当たります。

仏教、キリスト教、イスラームを開いた宗祖とお道の教祖《おやさま》を比べてみると、仏教の開祖はゴータマ・シッダルタ（釈迦）という方で、今から約二千五百年前に出家《しゅっけ》し、当時のインドで厳しい修行をし、悟りを開き、仏陀《ぶっだ》（覚者《かくしゃ》、めざめた人、宇宙を貫く真理の体得者）となり、その真理を教えたことから始まります。最初は「めざめた人」でしたが、のちに永遠の真理そのものだとか、真理の世界から人々をたすけるために、この世に生まれてきた仏とかいった神格化《しんかくか》が行われました。

キリスト教の場合、宗祖はイエス・キリストですが、イエスはユダヤ教徒で、自分がキリスト教を始めるとは全く考えておらず、イエスの弟子たちがイエスがキリスト（救世主）だと信仰した時から始まりますので、厳密《げんみつ》にいえば宗祖と言えないかもしれません。イエスは、今から二千年前に生まれ（生年や場所は謎）、ユダヤ教の預言者ヨハネの洗礼《せんれい》（註1）を受けて、各地をまわって教えを説いたり病人を奇跡的《きせきてき》に癒《いや》したりした後（イエスの福音《ふくいん》は少なくとも一年、長くて三年であるが、よくわからない）、十字架にかかって刑死し、死後よみがえって昇天し、神のひとり子として崇《あが》められるようになりました。

イスラームの宗祖はムハンマドで、アラビア地方の旅商人でしたが、天使ジェブラーイールからアッラー（神）のお告《つ》げを受け、古い宗教や信仰者と戦いながら教えを広めました。しかしムハンマドは神的存在ではなく、「神の使徒《しと》」、「最後の預言者《よげんしゃ》」、「警告者」

と呼ばれ、旧約聖書に出てくるアダム、ノア、アブラハム、モーゼといった預言者（神の言葉を預かった者）やイエスの後に最後に現れた預言者とされています。

教祖《おやさま》は、三つのいんねんに基づき、親神さまが人間を早くたすけたいとの親心から教祖《おやさま》をやしろと定め、教祖《おやさま》に入りこまれた地上の月日であり、親神さまの心を心として教えを説き、人をたすける生涯を送られた、ひながたの親です。一れつ人間を早くたすけたい一条から定命を縮《ちぢ》められ、現身《うつしみ》をかくして存命のままぢばに留《とど》まり、一れつ人間のたすけにお働きくだされている、存命のをやです。前述の三人の宗祖（ゴータマ・シッダルタ、イエス・キリスト、ムハンマド）と全く違うお立場です。それを一言でいえば、教祖《おやさま》は人間でもなく、また神の啓示の仲介者や預言者でもなく、そのお立場は元の神・実の神の地上の現れであり、その尊さは比べようがないのです。

具体的な生涯についてみると、釈迦は出家《しゅっけ》（註2）して苦しく厳しい修行を積み、それをやめた後、悟りを開きました。しかし本教の教祖《おやさま》は、自分から求めて修行をして悟りを開き、教えを説かれたのではありません。またイエスのように死後、復活して昇天されたのだと信ずる人たちによって、まことの神にしてまことの人と決められてキリストとされたのでも、またムハンマドのように天使のお告げから神の言葉を預かったというのでもありません。

人間の思惑《おもわく》、希望、意向、修行などと関係なく、親神さまの思召によって、神のやしろと定められ、死後でなく生きたまま人間から「月日のやしろ」となられました。教祖《おやさま》は月日親神さまのやしろであられ、五十年にわたって、口に筆にひながたによって明らかにされ、また、本席・飯降伊蔵様の口を通して二十年にわたって、そのお立場を明らかにされているのです。

この他にも修行して神霊と交流したり、神霊が下がったり、神霊のお告げを受けたといった神秘《しんぴ》体験《たいけん》から宗祖となった人もいます。本教の教祖《おやさま》は神霊と交わって教祖《おやさま》になられたのではなく、親神さまが自らこの世に現れられたお姿です。すなわち姿形は人間ですが、その心は月日親神さまであり、ここに根本的な違いがあります。したがってそのお言葉も、シャーマンや霊能者《れいのうしゃ》たちの霊言《れいげん》なるものとは違い、本当の親なる元の神・実の神の啓示です。

⑤教祖《おやさま》の五十年のひながたの道や九十年のご生涯は他宗の宗祖や開祖とは、どの点でその尊さに比べようがないのですか。

教祖《おやさま》のお立場が今までにない、月日のやしろであり、教祖《おやさま》のお言葉は、今までに聞いたことのない、前代未聞《ぜんだいみもん》の珍しい深い教えでしたので、人々はなかなか理解できませんでした。それをわからせるのにいろいろとお心をお砕《くだ》きくださいました。その教えの内容は時代を越え、他に比べようがない教えでした。ですから人々はその思召がわからず、誤解したり中傷《ちゅうしょう》して、二十年近く誰も近づきませんでした。

近づこうにも、教祖《おやさま》があまりにも偉大で尊く、近づきがたい神の現れであられるので、人々は近づけなかったのです。それをなんとかわからせようと、五十年にわたるもったいない、筆舌《ひつぜつ》に尽くしがたいご苦労の道がありました。

釈迦は幸せな王子という恵まれた立場を捨てて出家《しゅっけ》し、六年間の苦行《くぎょう》をやめたのちに悟りを開きました。教祖《おやさま》も、もし出家できたらひとりだけの苦行で済み、どんなに楽なことであったでしょう。

しかし一家の主婦という立場のまま月日のやしろとなられ、日常の生活の中で厳しいご苦労の道中を歩まれました。おひとりで山にこもって修行するのに比べ、比較にならないご苦労でした。

イエスは少なくても一年、長くても三年ほどの福音《ふくいん》活動（註３）をしたようですが、その後捕らえられ、磔《はりつけ》の刑を執行され、人類の罪を背負って苦しみつつ生命を絶たれたと教えています。教祖《おやさま》は十字架にはかかられませんでしたが、五十年の道すがらは毎日が十字架の死に等しい、言葉に言い尽くせぬご苦労の道でした。死ぬに死ねない苦しい難しい道すがらでした。ムハンマドのように軍勢《ぐんぜい》を率《ひき》いて戦い、教えを広めたのでもありません。また多くの宗祖、開祖のように現世利益の祈禱《きとう》で人を集め、皆に尊ばれる道を選んだ方がどれだけ楽なことだったでしょう。

しかし教祖《おやさま》は人間の勝手な思惑にはいっさい妥協《だきょう》されず、いかなる迫害にも屈せず、ひたすらに親神さまの思召どおりの道を、人間を根本からたすける生涯を貫き通されました。天保九年までは、教祖《おやさま》は誰からも敬愛され慕われておられました。ところが、天保九年十月二十六日に月日のやしろに定められてから、人々の見方は一変し、肉親はもちろん、村人や知人、友人からも非難され、攻撃され、官憲や他宗からの迫害弾圧《はくがいだんあつ》を受けられるのです。それは教祖《おやさま》がもはや人間でなく、その言動は親神さまのやしろとしてのお言葉であり、行いだったからです。人倫や今までの教えをはるかに超える深い教えでしたので、誰にも理解できませんでした。そして人々の誤解と中傷、攻撃はお姿をおかくしになるまで続きました。最後のご苦労は、教祖《おやさま》が八十九歳の時でした。九十歳近いご老齢のご婦人を、真冬に留置《りゅうち》するなどのことは、世界の歴史のどこにもない前代未聞のことです。教祖《おやさま》があまりにも神聖で尊く力に満ちたご存在でしたから、その生命をなきものにしようとした、最後のたくらみでした。

こうした言葉にも言い尽くせぬご苦労も、教祖《おやさま》は子供可愛いゆえに、苦しみを苦しみと思われず楽しみとされ、明るい心でお通りになられました。ただの一度も、つらいとか、苦しいといったグチや恨みごとを言われたことはありませんでした。その五十年の思いは、早く人間をたすけてやりたい、幸せにしてやりたいという親心だけでした。そしてご在世中に教義（原典）、儀礼（おつとめ）、講（教会のもと）を教えられた比類《ひるい》のない尊くありがたい教祖《おやさま》です。

―― 補　足 ――

キリスト教の教祖《きょうそ》は誰か

イエスはユダヤ教徒として生き、刑死したが、イエスは復活し昇天した救世主だと信じた人たちが、イエスをキリストだと信じ、そこからキリスト教が生まれた。専門家はイエスが開祖《かいそ》で、パウロが教祖《きょうそ》だと言っている。

いっぽう、同志社大学神学部出身で、現在は神学者として、評論家として活躍している佐藤優《まさる》氏（註４）は、「キリスト教の教祖はイエス・キリストで、開祖はパウロと言えるでしょう」と言う（『国家論』ＮＨＫブックス・二〇〇八年一月二〇日　三〇四頁）。

イエスの謎

新約聖書研究の第一人者・八木誠一東京工業大学名誉教授は、イエスは釈迦が仏教の教祖であるという意味では、キリスト教の教祖ではないと言う。そしてイエス研究は極めて困難であり、やればやるほどわからなくなると告白している。

京都精華大学名誉教授・笠原芳光氏は、「イエスはキリスト教の開祖でも、教祖でもない。イエスはキリスト教とはかなり異なった宗教思想の創唱者であったからである」と言う（『イエス逆説の生涯』春秋社・一九九九年六月一五日　八頁）。笠原氏は同じ主張を多くの論文で発表している。

前述の如く佐藤優氏は、キリスト教の教祖はイエスでありパウロは開祖だと言う。十八世紀と十九世紀にキリスト教神学者が行った学術的研究は、悲惨《ひさん》な結果をもたらした。言わば藪蛇《やぶへび》をやった。つまり、イエスの存在やイエスの本質が全くわからないという結果をもたらしたのである。イエスがいたということも証明できないし、またイエスがいなかったということも証明できなくなり、袋小路《ふくろこうじ》に迷いこみ、またそこから脱出出来ないでいる。

二十世紀のわずか一世紀の間に、イエスに関する研究書は六万三千冊も出た（秦剛平氏説）。佐藤優氏はイエスの研究書は天文学的な数だと言う。

これからもキリスト教神学者たちは、イエスとは誰かについて果てしなく論争し続けるという、不毛《ふもう》な努力を続けていくことであろう。これは信用できる第一資料がないことからくる必然的な結果である。原典もなく、信用できる資料がないからである。他宗のことながらお気の毒というしかない。

イエスを知る唯一の資料とは

イエスの立場が謎だらけ、クエスチョンだらけである理由は言うまでもなく信憑性《しんぴょうせい》のある資料がないからである。イエスを知る唯一の資料は、「マタイによる福音書」、「マルコによる福音書」、「ルカによる福音書」、「ヨハネによる福音書」の四つの福音書だけである。いずれもイエスの死後六十年から百年後に、イエスを全く知らない作者によって書かれている。この四つの内容もばらばらで、比較的内容が共通している「マタイによる福音書」、「マルコによる福音書」、「ルカによる福音書」を共観《きょうかん》福音書と言うが、この三つも「マルコによる福音書」を除くとほぼ半分ぐらい食い違った内容である。「ヨハネによる福音書」にいたっては九〇％以上他のと違う。

編纂《へんさん》時八十点（百点と言う説もある）ぐらいあったイエスに関する資料から、二十七冊を選んで正典とした。その時排除《はいじょ》された一つが、エジプトで発見された『ナグ・ハマディ文書』であり、そこではイエスには妻子があったと書いてある。最近これもエジプトで発見された『ユダの福音書』によれば、今までキリスト教が教えてきたのと全く異なるイエスとユダとの関係が書かれている。イエスはアラム語（セム語系の一つで、古代アッシリア、バビロニア、ペルシャ帝国の公用語）を話していたが、新約聖書はギリシア語（コイネー・ギリシア語。コイネーとは、共通という意味）で書かれている。

四つの福音書とはいわば、イエスについては四つのそれぞれ違う履歴書《りれきしょ》があるということである。
生まれた年（生誕日）も、実は当時地中海や中近東で盛んであったミトラス教の冬至《とうじ》の祭り（太陽の再来を祝う日）であった。十字架にかけられた日もはっきりしない。福音を説いた時期も一年から三年の間と推定されているが正確なことはわからない。

イエスの立場が教義として確立されたのは、ローマ帝国の皇帝コンスタンティヌスの命令で開催した公会議《こうかいぎ》の議決による。イエスがまことの神であり、まことの人という教義と、父なる神ヤハウェと子なるイエスと聖霊《せいれい》の位が一体であるという三位一体《さんみいったい》という教義を決めるのに幾度も会議が開かれた。西暦三二五年にはニカイア公会議、三八一年にはコンスタンティノポリス公会議、四五一年にカルケドン公会議が開かれ、ようやくイエスの立場が多数決で決った。しかしそれから千六百年ほどたった現代でも「イエスとは誰か」とか、「イエスは神か人か」という論争が延々《えんえん》と続いている。また、ユニテリアン派は、イエスの神性《しんせい》を認めず、イエスはまことの人間と信じている。有名なアイザック・ニュートンはこのユニテリアンの信者であった。

西暦とは、イエスの生誕日は

西暦とは、衆知《しゅち》のようにイエス・キリストの生誕年から数える。イエスは西暦紀元元年十二月二十五日に生まれたとし、キリスト教徒はその日をクリスマス（生誕日）として祝う。

こうして、イエスが生まれた年の前を、紀元前（B・C＝Before Christ）とし、イエス生誕後を西暦（A・D＝Anno Domini　主イエスの年）と表記する。つまり西暦とはイエス・キリストの暦である。

しかし、研究者は早くからイエスは西暦元年に生まれていないとする。なぜなら聖書には、イエスはヘロデ王の時代に生まれた（マタイによる福音書1―2）と書いてあるからである。ヘロデ王は紀元前四年に亡くなっているから、イエスは紀元前四年前に生まれていなければならない。また十二月二十五日に山小屋で生まれたというのも全くウソである。その時期には遊牧民は寒さを避け、羊をつれて山から降りる。十二月二十五日は、前述のように実はその頃中近東や地中海地帯で盛んであったミトラス教の冬至の祭りの日である。

ここではっきり言えることは、西暦で数えて何年何月に大災害が起こり、地球は滅びるとかという終末《しゅうまつ》予言《よげん》は皆ウソである。イエス自身が紀元前四年前に生まれているのだから数が合わない。

四百年前のフランスの医師ノストラダムスが、一九九九年七月に天から大きな火が降り落ち、この世は終わると予言したがウソであった。オウム真理教の麻原彰晃もそれを信じ、凶悪な犯罪を犯した。幸福の科学の大川隆法氏もノストラダムスの予言を信じている。

・註1……洗礼《せんれい》

人を公にキリスト教徒とみなす儀式で、儀礼的に身を水に浸《ひた》すことにより、古き罪の自己が死に、聖霊を受けて新たに神の子として甦《よみがえ》ることとされている。

・註2……出家

在家の生活を捨てて、修行者の仲間に入ること。またそのような人のことをいう。

・註3……福音活動

福音の原語は「よきおとづれ」の意味で、イエス・キリストによってこの世にもたらされた救いの事実、またその知らせをいう。

・註4……佐藤優

一九六〇年、東京生まれ。同志社大学大学院神学研究科修了後、外務省入省。外交官を務めるかたわら、モスクワ国立大学哲学部、東京大学教養学部で教鞭《きょうべん》をとる。『国家の罠《わな》』『自壊する帝国』『はじめての宗教論』など著書多数。

原典について

⑥本教の原典《げんてん》（おふでさき、みかぐらうた、おさしづ）と、キリスト教の聖書やイスラームのクルアーン（コーラン）や仏教の経典《きょうてん》との基本的な違いはどんなところですか。

太陽や美しく高い山、偉い人や動物を神々として崇《あが》めたり、霊を恐れたりする宗教は別として、世界中に広がる名の通った宗教は、教えの基礎となる聖典をもっています。仏教の経典、キリスト教のバイブル（旧約聖書と新約聖書）、イスラームのクルアーンなどがそれです。

教祖《おやさま》は、それらと比べようがないほど尊い原典をお与えくださいました。それは単なる聖典ではなく、聖典の中の聖典といってもよいものです。なぜならそれは、人間がつくったものではなく、月日親神さま、地上の月日であられる教祖が、自ら筆をとって書き残されたものや、直接お話くだされたものを書きしるしたものだからです。

他の宗教でも聖典は、みんな人間がつくったものではなく、人間を超《こ》えた偉大なものが書かしたのだといっています。たとえばキリスト教では、旧約聖書と新約聖書が聖典とされ、それらは神霊の導きによって書かれた啓示書として尊ばれています。旧約聖書はユダヤ教の聖典ですが、キリスト教は旧約聖書と新約聖書を聖典としています。

ところが、十八世紀ごろから、聖書についての学問的な研究が始まり、今まで知られなかった多くのことがわかってきました。たとえば旧約聖書には、古代中近東の多くの宗教文化の影響が色濃く残されていること、すなわちユダヤ教の神学者たちが、千年を越えるその地方のさまざまな信仰の伝承《でんしょう》、神話、歴史をもとにして編集したものであることがわかりました。また、新約聖書は、イエスがキリスト（救世主）であるという信仰を告白《こくはく》した多くの文書（約八十種の中から、紀元三百九十七年のカルタゴ会議で二十七冊を選んだ）を正典と決めました。これが、イエスの生涯を知る唯一の資料ですが、それを書いたマタイ、マルコ、ルカ、ヨハネは、生前のイエスに会ったことも、直接教えを受けたこともなく、人々の言い伝えを、それぞれの信仰の立場からまとめたものだということもわかってきました。

こうした複雑な内容のものですから、カトリック教会（註1）では長い間、信者は直接聖書を読むことも、翻訳《ほんやく》することもできなかったのです。そこでルターらが直接バイブルに信仰の根拠《こんきょ》を求めようと、ドイツ語に翻訳しました。その結果、いろいろと自由な聖書の解釈から分派が生まれ、今では数えきれないほどの数になっています。その根本の理由は、聖書が古代のたくさんの宗教文書の中から選ばれ、集めて編纂《へんさん》されたものですから、さまざまな内容のものがあって、その解釈の違いによって、次々と分派が生まれることになるのです。

仏教の経典は、キリスト教のものに比べると、数え方にもよりますが、比べようがないほどたくさんで、三千部以上あります。そのどれも、釈迦の入滅《にゅうめつ》後につくられたもので、いちばん古い原始《げんし》仏典（註2）や上座部《じょうざぶ》仏典（小乗《しょうじょう》仏典）（註3）は、釈迦入滅後百年から二百年後につくられ、五百年たって日本人になじみの深い多くの大乗《だいじょう》仏典（註4）がつくられました。そのうえ、中国や日本でつくられたものもあります。

ふつう、お経は「如是我聞《にょぜがもん》」――私はこのようにお釈迦さまから聞いた――という言葉から始まります。釈迦の説法《せっぽう》（註5）を聞いた人が、それを文書にしたものの中から、会議をして編集した経典もあれば、そうではなく、釈迦の悟りの体験を文字に表現したものもあり、どれが本当の釈迦の言葉なのか、真の教えなのかわからないぐらいバラエティーにとんでいます。仏教の経典は、釈迦の言葉を伝えるというよりは、その精神を言葉に言い表わしたものといえます。しかもその中に、仏教徒それぞれの悟りが入り込み、自由勝手につくりあげたものもあります。

お道の原典の場合は、親神さま、教祖《おやさま》の直々の、直接のお言葉が書きしるされてあり、神の直接で生のお言葉という点では、聖書や仏典とは比較にならないほど尊いものです。しかも、おふでさきとみかぐらうたは、教祖《おやさま》ご自身が筆にとってお書きくだされた啓示書です。

⑦本教の原典は親神天理王命のお言葉そのもので、人間の創作は全くありませんが、他宗教の聖書やクルアーンや経典は違うのですね。

イスラーム教徒は、キリスト教の聖書は、啓示そのものを伝えたものではないとし、一方、クルアーンはアッラー（神）の啓示の言葉であるといっています。

しかし、神の啓示を天使ジェブラーイールを通して聞いたという宗祖のムハンマドは、読み書きができませんでした。そこでアッラーの啓示を弟子たちが書き留め、それをムハンマドの死後に編集したのがクルアーンです。直筆《じきひつ》ではなく、しかもムハンマドはクルアーンを生前にチェックしていません。


キリスト教の聖書は、膨大《ぼうだい》な分量があって内容もバラエティーにとんでいます。「創世記」のエデン神話やノアの洪水《こうずい》物語、出エジプト記に始まるイスラエル民族をめぐる古代史の物語は、実にドラマチックです。また、すぐれた文学作品であり、素晴らしい教訓《きょうくん》や立派な教えも、たくさんみられます。よくもこれだけの膨大な宗教書をつくりあげたものだと、古代イスラエル人の優秀さ偉さに感心させられます。

しかし、客観的に学問の目で聖書をみると、神霊の導きによって、一貫したものとして書かれたものとは考えられません。内容に多くの矛盾があります。これは二千年前に、ユダヤ教やキリスト教の信仰者がつくりあげていった、人造《じんぞう》聖典というべきものであり、人為的に創作したり編集されたものです。

お道の原典には人為的なもの、すなわち人間の創作や思惑《おもわく》はひとつも混じっていない親神さまの思召そのものの表現です。

キリスト教の聖書には、多くの細かい教訓や戒律《かいりつ》が教えられています。お道の原典には、「人の物を盗むな」とか「殺すな」といった次元の教訓ではなく、心の持ち方、使い方、在り方の基本についての高次元の教えだけが述べられています。戒律《かいりつ》で細かく力づくで規制するという教え方ではなく、自分で判断できる大人に対し、よく考えて判断し選びとるようにという教え方です。

⑧仏教のお経《きょう》は聞いていても見てもさっぱり分かりませんが、どういうことでしょうか。

仏典には、聖書と同じようにすぐれた教訓や深い哲学思想が述べられています。その一方で期待はずれという声も聞かれます。日本の場合、中国から伝えられた漢語の仏典は日本語に翻訳《ほんやく》されず、漢文のまま読経《どきょう》されてきました。中にはお経そのものが尊いと崇《あが》めたり、お経を読経するだけでご利益があるという経典崇拝《きょうてんすうはい》さえ出てきました。その他、自宗派が尊んでいるお経こそ、釈迦の教えを最も忠実に記録した金口《こんく》（註6）、直説《じきせつ》だと互いに競い合い優劣《ゆうれつ》を論じ合うこともよく行われてきました。

鎌倉時代の日蓮聖人《にちれんしょうにん》は多くのお経を学んだあげく、法華経《ほけきょう》こそ釈迦の直法であるとして、他の経典を崇める人たちを厳しく批判して日蓮宗を始めました。しかし今日では法華経が、釈迦の教えとは似ても似つかぬ大乗仏典であることは常識となっています。

日本語に翻訳されたものを読んだ人の中に、作家の司馬遼太郎氏のように「お経はつまらんもの、古代インドのポエジー（註7）だけ」と酷評《こくひょう》する人もあり、藤沢明氏は、「お経は三分の一は呪文、三分の一は文学的説話物語、三分の一は認識的吟味《ぎんみ》に欠けた形而上学《けいじじょうがく》（註8）」といい、また江戸時代の町人学者、富永仲基は、大乗非仏論（註9）を唱《とな》え、江戸時代の国学者、平田篤胤《あつたね》は法華経は効能書《のうがき》だけで、肝心の薬がないといっています。ヨーガ禅の提唱者で、大阪大学名誉教授・佐保田鶴治氏は、般若心経《はんにゃしんぎょう》（註10）に、古代インドの女神信仰が残っているといっています。

最後に、おふでさきの筆跡《ひっせき》をみる書道の専門家は、誰もがその神秘的で幽玄《ゆうげん》な筆跡に圧倒されます。それは、人間を超えた偉大なものの表現だからです。

補足

おふでさきについて

文芸評論家の福田恆存氏は次のように言っている。

「クリスチャンは天理教など馬鹿にしてゐるだらうが、その『お筆先』を讀んでみたまへ。教祖中山みきの言葉は口語譯聖書のイエスの言葉より遥かに生々としてゐる」と（『福田恆存全集第五巻』「愚者の楽園」文藝春秋・昭和六十二年十一月二十五日　五三九頁）。

著名な歴史学者で元立命館大学教授の奈良本辰也氏はお筆先を拝読すると、「鬼気迫《ききせま》るものがある」と述べておられる。親神さまの厳しいお急き込みを霊感されたのであろう。

キリスト教の聖書の謎《なぞ》

旧約聖書は、紀元前二世紀にギリシア語で書かれた。それを『七十人訳聖書』と呼んでいる。その三世紀後の西暦一世紀にヘブライ語の旧約聖書が書かれた。

新約聖書が正式の正典《せいてん》として完成したのは西暦三九七年のカルタゴ会議であった。先述の如く八十（一〇〇という説もある）あった文書の中から二十七冊を正典と決めたが、会議ではかなり激しい議論が戦わされた。排除《はいじょ》されたものの中には、エジプトのナイル河の河岸に埋めたものがあり、それが発見され大問題となった。また二十七冊の内、「ヨハネの黙示録《もくしろく》」を採用することには反対が多かった。今日でも、ロシア正教会（ギリシア正教）（註11）や宗教改革者マルチン・ルターは「ヨハネの黙示録」を無視し、聖書と認めていない。

現在の聖書を、ロシア正教会が正典と認めたのは西暦六九二年である。イエスの死後六六〇年余近くたってからである。

さらに、カトリック教会が最終的に正典と認めたのは一五四五年のトリエント公会議であった。イエスの死後千五百年もたってから決められたということである。

ユダヤ教では、聖書とは、旧約聖書だけであり、新約聖書は聖書として認めない。キリスト教徒はそれに対し、旧約は神との古い契約であり、新約は新しい契約だと主張している。

ここで聖書の内容について検討する。

聖書原理主義者《せいしょげんりしゅぎしゃ》は、聖書の一言一句は神の霊感を受けて書かれたという。しかし多くの研究者や神学者の見方は厳しい。

例えば、西南学院大学神学部教授で牧師の青野太潮氏は、「聖書は『お筆先』ではない」とか、「聖書は絶対的なものではない」と言う（『どう読むか、聖書』朝日新聞社・二〇〇二年八月一五日六五頁）。

上智大学名誉教授の渡部昇一氏は、「なぜなら、『聖書』というものは悪魔もこれを引用することができるのであって、自分の都合のいいところ、あるいは自分の主張と合うところだけを拾い出せば、どんなことでも述べられるようになっているからである」（『知的風景の中の女性』講談社・昭和五十九年五月十五日　四二頁）と言い、多摩美術大学名誉教授の秦剛平氏は、「聖書は非常にアブナイ、複雑怪奇な書物なのである」と言う（『描かれなかった十字架─初期キリスト教の光と闇』青土社・二〇〇五年六月一〇日　三八三頁）。

新約聖書の再編纂の声が出てくる理由

新約聖書の記述《きじゅつ》が生んだ最大の悲劇は、ヒットラーによるユダヤ人のホロコーストであった。そのルーツをさぐると、マルチン・ルターのユダヤ人に対する批判の文言があり、さらに遡《さかのぼ》ると、聖トマス・アクィナスや聖アウグスチヌスの反ユダヤ観、さらに遡れば、新約聖書の中にたくさん出てくるユダヤ人への批判攻撃、憎しみや怒りの文言にたどりつく。歴史にもし（if）は禁物だが、もし新約聖書に、ユダヤ人に対する反ユダヤ主義の記述がなかったら、千六百年間続けられたキリスト教によるユダヤ人迫害《はくがい》も起こらなかったであろう。もし、最近エジプトで発見された『ユダの福音書』が、福音書として承認《しょうにん》されていたらユダヤ人迫害の歴史はなかったであろう（ハーバート・クロスニー『ユダの福音書を追え』日経ナショナル ジオグラフィック社・二〇〇六年五月一八日）。

聖書の中のユダヤ人に関する記述を削除《さくじょ》したらどうだろう、再編纂したらという声が良心的なキリスト教神学者の中から出ている。

ついでに「ヨハネの黙示録」も削除したら終末《しゅうまつ》思想《しそう》はなくなるのだが。

エホバの証人に要注意

戸別訪問で伝道に来るエホバの証人（ものみの塔）の人たちは、必ず「聖書を勉強しませんか」と言って誘う。この派は自己流に訳した新世界訳聖書を使っている。

エホバの証人は、輸血《ゆけつ》はしてはならないと教えている。それは旧約聖書に「いかなる生き物の血も、決して食べてはならない」（レビ記17―14）と書いてあるのを、勝手に輸血禁止の根拠《こんきょ》にしているのである。中近東の遊牧民の間では、羊や山羊を悪魔や狼から守ってもらうため生贄《いけにえ》の羊を殺し、その血を神に捧《ささ》げた。それを二代会長ジョセフ・F・ラザフォードの時に急に輸血を禁じた。昔の古い教えを曲解し、輸血をさせず尊い生命を失わせている。気の毒千万である。

日本の仏教徒の不幸

仏教研究家の植木雅俊《うえきまさとし》氏（註12）も、日本の仏教徒は気の毒だと言う。そのわけは、日本では漢訳《かんやく》のままで受け容れて、大和言葉に翻訳されることはなかったからである。しかも漢文の経典は音読みで読まれていたから、多くの人はそれを聞いても意味がわからなかったからだと。すなわち、「ほとんどの日本人は、経典に何が書かれているかを知らないままで、今日まできたという不幸があると思う。その背景として、日本には『分からないこと』イコール『有り難いこと』という変な思想がある」と言う（『仏教、本当の教え』中公新書・二〇一一年一〇月二五日　一二九頁）。

内容は全く意味不明でチンプンカンプンであるが、仏堂の中で僧侶が荘厳《そうごん》な声で声明《しょうみょう》を行い、それを聞くと、それだけで有難く、ご利益《りやく》が得られると大多数の仏教徒は信じてきた。日本に仏教が伝来してから千五百年以上たっているが、このことは今も全く変わっていない。

仏教のウイークポイント

白取春彦《しらとりはるひこ》氏（註13）は仏教のウイークポイントとして次のように言う。

仏教には「まず、教えの書がないということだ。経典はある。膨大《ぼうだい》な数だ。ほとんど漢語である。漢語がわかっても、一生かかって読めるだろうか。それに、読んで理解することは不可能だ。学者でもお手上げである」（『はじめて知る仏教』講談社＋α新書・二〇〇五年六月二〇日　一九二頁）。

氏はまた、法然《ほうねん》の「専修念仏《せんじゅねんぶつ》」を厳しく批判する。

「しかしそれはもはや仏教とはいい難いものになっている。この世での悟りを最初から断念し、無知無学《むちむがく》であり続けることを勧め、戒《いまし》めを守って行いを律し人間的に高まっていこうという積極的な姿勢がないからである。また、本来の仏教が視線《しせん》を向けていないあの世ばかりを見ることを誘ってもいる。

専修念仏は、仏教を利用してあの世のみに視線を向けさせる疑似宗教《ぎじしゅうきょう》であるといっても過言《かごん》ではないだろう。実際、法然の教えを信じた者の中には浄土ばかりにあこがれて自殺した者が多かったのである」と（『前掲書』一六二〜一六三頁）。

法華経の正体

日本では漢訳仏典を翻訳せずに読経《どきょう》してきた。明治に入って初めて漢訳される前の仏典が注目され、日本からたくさんの仏教学者がイギリスやフランスへサンスクリット語やパーリ語の仏典の研究に行き、そこで初めて漢訳以外の仏典に出合う。

日本で有名なお経一つ二つを紹介すると、クマーラジーヴァが翻訳した『妙法蓮華経《みょうほうれんげきょう》』がある。聖徳太子も大変崇敬《すうけい》されたとか。ところが最近の研究によると、このクマーラジーヴァの訳は名訳であるが、原文のサンスクリット語のとはかなり違っている。原文を無視《むし》した創作訳《そうさくやく》である。植木雅俊氏の『法華経―梵漢和対照・現代語訳上・下』（岩波書店・二〇〇八年三月）で、詳細に比較対照できるようになった。

日蓮聖人は、他の全ての仏典を否定し、『法華経《ほけきょう》』こそ釈迦の真説を伝える金口《こんく》の仏典だと独断《どくだん》し、他の仏典を信ずる他宗派を批判攻撃した。しかし、大島宏之氏は「……法華経自体が物語る、信仰的非協調生や殉教精神の高揚、さらに強烈な使徒的仲間意識や釈尊に反抗したデーヴァダッタ（提婆達多《だいばだった》）を前世では釈尊を『法華経』に縁づけた人と位置づけるなどから推して、特殊なグループ（狂信のグループ）の作った非正統的経典である、との説（渡辺照宏）も提起された」と述べている（『仏教経典の世界』自由国民社・一九九六年五月　七四頁）。

漢訳仏典の実態

元関西大学名誉教授で書誌学の大家、谷沢永一先生の漢訳仏典についての見解を紹介する。

「三蔵法師がインドへ行き、たくさんの教典をシナへ持って帰った。それをめちゃめちゃに訳するわけです。鳩摩羅什《クマラジュウ》が訳し、三蔵の弟子が訳したけれども、もう判じ物です。漢訳というのは、ほとんど意味をなさない。これでは議論も何もできません。—中略—それぐらいにシナの翻訳は好き勝手に訳してあるわけです」（谷沢永一・渡部昇一『「宗教とオカルト」の時代を生きる智恵』ＰＨＰ研究所・二〇〇三年七月七日　一〇七頁～一〇八頁）。

先に述べたが、日蓮聖人は法華経だけが唯一釈迦の真説を伝える仏典であり、その他の仏典を信奉する者は皆邪宗《じゃしゅう》だと批判攻撃し、他宗からの激しい反発を受けた。しかし、どの仏典にもそれなりに何らかの形で釈尊の教えを伝えているのではないか。谷沢教授の漢訳仏典批判は、日蓮聖人の法華経に対する過剰《かじょう》な神格化《しんかくか》への批判かもしれない。

法華経は効能書きだけか

知の巨人であり、石原慎太郎氏が怜悧《れいり》な論客と高く評価する小室直樹氏の法華経観を紹介する。

「『法華経』は最高のお経であると言われているから、そこには最高の哲理《てつり》が書いてあるだろうと誰《だれ》しも思う。が、実は何も書いてないのだ」(『数学嫌いな人のための数学—数学原論』東洋経済新報社・二〇〇一年一〇月二五日　二二九頁)。

「法華経《ほけきょう》も同じです。仏教の哲理《てつり》について何も書いてないんです。効能書きだけで薬の入っていない薬袋《くすりぶくろ》みたいなのがお経だから、みんな最高の哲理《てつり》が書いてあるに違いないと、みんながありがたがって最高のお経として尊《とうと》ぶのでしょう」(『前掲書』二六三頁)。

法華経は他の仏典に較べて日本では大変人気が高い。先に述べたが聖徳太子も大変崇められた。金箔《きんぱく》で見事に書写《しょしゃ》された法華経の中には国宝級のものもある。ただそれが肝心の仏様より神格化され、崇拝の対象となっているのは問題である。経典信仰は偶像崇拝《ぐうぞうすうはい》となる。

最後にもう一言。

法華経は昔から評価がきわめて大きく喰《く》い違《ちが》う経典である。

平田篤胤などは、『法華経』を中味のない能書だと評した。薬の効能書にすぎないということである。そして「『……もし腹の立つ人があらば、其丸薬《がんやく》を出して見せろと云つもりでござる』と嘲笑した」(田村芳明『法華経—真理・生命・実践』中公新書・昭和四十四年七月二十五日　六二〜六三頁)。

すなわち、これによく効く、これが治る、などの宣伝文句がたくさん書いてあるが、肝心の薬が入っていないようなお経だという。

般若心経への批判

日本で一番ポピュラーなお経は「般若心経《はんにゃしんぎょう》」である。日本の仏教界では殆どの宗派でこれを使っている。使うのを拒否しているのは浄土真宗と日蓮宗だけである。

このお経は、二百六十二字の漢文の中に仏教思想のエッセンスが凝縮《ぎょうしゅく》されているといわれる。一言で言えば「色即是空《しきそくぜくう》、空即是色《くうそくぜしき》」という空《くう》＝縁起《えんぎ》の教えである。空＝縁起説とは、この世にあるものは全て互いに依存《いぞん》し合って存在し、絶えず千変万化《せんぺんばんか》している、はかないものであるとする説である。すなわち、現世に存在するあらゆる事物や現象はすべて実体ではなく、空無《くうむ》であるという。従って、永遠不変の絶対者である神や不滅《ふめつ》の魂の存在を否定する。すなわち絶対で永遠で不変な実体も価値もないという。まさにニヒリズム（虚無《きょむ》主義）の思想である。

般若心経に対しては、神奈川大学名誉教授・湯田豊氏が「インド哲学と現代」で次のように批判している。

このお経には、「社会変革のプログラムあるいは自己変革への情熱は、『般若心経』のなかに全く見いだされない。この経典のなかに見いだされるのは、自己自身の幸福、自己の苦しみの鎮静だけである」（四四頁）。また、「人間性を向上させ、人類の福祉を増進《ぞうしん》させる理念を見いだそうという努力は徒労《とろう》である」（二七頁）と（『神奈川大学人文学研究所報』NO20　昭和六十一年十二月三十日)。

「世間虚仮《せけんこけ》」(世の中のすべてが「そらごと」)だと言うことである。

大阪大学名誉教授佐保田鶴治氏は、このお経の最後の呪文《じゅもん》がサンスクリットの原語を漢訳せず、そのまま音読みしているとし、「ガテー! ガテー! パーラ・ガテー! パーラ・サンガテー! ボーディ! スヴァーハー!!」の意味は、あの世にいます尊い妃、すなわち女神への讃辞《さんじ》だと言う(『般若心経の真実』人文書院・一九八二年六月一〇日 九八~九九頁)。

すなわち仏教の空の思想のお経の一番最後に、古代インドの女神《めがみ》信仰の呪文がくっついているということである。呪言として唱えれば、ご利益があるというので、漢訳せず原語のまま唱えているのである。

結局仏典とは、その意味内容がわからなくても有難く、漢訳またはサンスクリット語のまま音読し声明《しょうみょう》(読経《どきょう》)するものなのである。

白取春彦氏は次のように言う。

「般若心経に書かれていることは縁起《えんぎ》と空《くう》の理論のダイジェストだけであり、宗教としての倫理的な教えがまったく欠落《けつらく》しているのである」(『はじめて知る仏教』講談社+α新書・二〇〇五年六月二〇日 一九二頁)。

湯田豊・元神奈川大学名誉教授の批判と全く同じで、そこには、この世をいかに良く生きるべきかについての教えは全くない。

言うまでもなく、仏典の中にも深い哲理《てつり》を説いているものもたくさんある。それも修理肥《しゅうりこえ》の教えとして謙虚《けんきょ》に学びたい。

教祖《おやさま》ご直筆の原典をいただいている私たちはいくら感謝してもしきれない。

・註1……カトリック教会

キリスト教は、大きく三つ（カトリック教会、プロテスタント教会、ギリシア正教）に分裂しましたが、最も古い歴史と伝統をもっているのがカトリック教会です。ローマ教皇を最高の指導者とするキリスト教最大の教派。

・註2……原始仏典

釈迦在世時代から、各部派に分裂するまでの仏教の仏典をいいます。

・註3……上座部仏典（小乗仏典）

釈迦の教えに最も忠実な経典です。

・註4……大乗仏典

釈迦入滅後、五百年から七百年後の西暦一、二世紀ころできあがった経典で、中国・日本・チベットなどにも伝わりました。

・註5……説法

仏法の教えを記き聞かせることをいいます。

・註6……金口

釈迦の説法を意味します。

・註7……ポエジー

詩、作詞などの意味です。

・註8……形而上学

目に見えない事物の真の本質、存在の根本原理を研究する学問のことをいいます。

・註9……大乗非仏論

大乗仏典は仏（釈迦）の説いたものではないということ。

・註10……般若心経

二百六十二文字の中に、仏教の教えの真髄が教えられているとされる、仏教各宗派でいちばんよく使われているお経です。

・註11……ロシア正教会（ギリシア正教）

ロシア正教会は、ギリシア正教もしくは正教会と呼ばれる東方正教会に属する教会で、数多くある独立教会の一つです。

・註12……植木雅俊

一九五一年、長崎県生まれ。九州大学理学部卒。ジャーナリスト、学術関係の執筆、編集に携わる。東方学院で中村元に学ぶ。二〇〇〇年、お茶の水女子大学で人文科学博士号取得。『梵漢和対照・現代語訳　法華経』『梵漢和対照・現代語訳　維摩経』など著書多数。

・註13……白取春彦

一九五四年、青森市生まれ。獨協大学外国学部ドイツ語学科卒。評論家、翻訳家。『超訳ニーチェのことば』『仏教「超」入門』『勉教術』など著書多数。

親神さまについて

⑨ユダヤ教の神もキリスト教の神もイスラームの神も、この世界を創造し支配している神ですが、親神天理王命もこの世と人間をおつくりになりました。だめの教えから言うと、どのように違うのですか。

世界各地ではそれぞれの時代に、さまざまな神さまや仏さまが崇《あが》められてきました。私たちの身近な神社やお寺にも多くの神仏が祀《まつ》られています。日本でも古くは縄文時代から、亡くなった祖先や偉い方や高い山々、鏡や剣なども神秘的な力をもつものとして、崇められてきました。中には人間なのに、自分を最高の神霊だとか、神々の主だといって、自分の写真を拝ませている人もいます。

今から約百八十年前の天保九年十月二十六日に、この世界と人間をつくり、それぞれをご守護されている本当の神さまが、はじめてこの世に現れられました。元の神さま・実の神さまの、この世への来臨《らいりん》、すなわち親神さまの現れは、この世人間世界をつくられてからはじめてのことでした。親神さまは、こうおっしゃっています。

そのはづや月日たいない入こんで
はなしするのハいまはじめやで　（おふでさき　八　50）

このたびはかみがおもてへあらハれて
なにかいさいをとき〻かす　（みかぐらうた　よろづよ八首）

ところで、人間と世界を創造し、それを守護されている神さまといえば、ユダヤ教ではヤハウェの神、キリスト教では三位一体《さんみいったい》（註1）の神（父なる神、子なるイエス、聖霊《せいれい》）、イスラームではアッラーですが、いずれもこの世界をつくり支配している偉大な神、愛の神であると教えています。いったいそういう神々と親神さまはどう違うのでしょう。

ヤハウェという神は、もともとはイスラエルの部族が信仰していた太陽の神、雷の神でした。その後、イスラエルの民族の神となり、戦いを勝利に導く戦争の神、万軍の王様と信じられました。この神は大変恐ろしく厳しい神で、自分以外の神を崇めると妬《ねた》んでその子供や孫と三、四代の子孫まで罰《ばっ》し、罪のつぐないに初子（ひとり息子）を生贄《いけにえ》にささげるよう命じる神でした。その後、イエスがキリスト（救世主《きゅうせいしゅ》）とされ、神の子として崇められ、貧しい人や悩み苦しむ人たちを救う愛の神として信仰されます。

イスラームのアッラー（神）は、ヤハウェの神とよく似た神です。これらの神は、親神さまが自らこの世に現れ、だめ（究極）の教えをお説きくださる前に、人類の心の成人に応じて、親神さまから遣《つか》わされてきた修理肥《しゅうりこえ》の神々ですから、やはり親神さまとは根本的に違います。

---

⑩世界の大宗教では天国や極楽、地獄や悪魔、この世の終りなどを説きますが、だめの教えの本教にはそのような教えはありません。どうしてですか。

ユダヤ教、キリスト教、イスラームの神は、すべての人間に恵みを与えると教えています。しかし実際は、たすけられる人とたすけられない人とが、はっきりと分けられます。一方は地獄で厳しく罰せられ、他方は天国で幸せな生活をすることになるのです。

親神さまは、人間可愛い一条の神さまですから、ひとり残らずたすけあげ、みんなが天国のような陽気ぐらしができるようにしてくださる神さまです。もちろん、親神さまの思召にそむいたり、反対する人がいたら、病気やその他の事情などで警告《けいこく》し、反省を促されたり、また、出直してやり直させられますが、最後には一人残らずたすけてくださる神さままです。地獄などで罰したり、この世の終わりに、神にそむく者を滅《ほろ》ぼすといった神さまではありません。

それに対して、セム系の宗教（ユダヤ教、キリスト教、イスラーム）の神は、人間がせっかく努力して立派な文化をつくっても、神の一方的な定めで、突然この世を終わらせ、この世界を破滅《はめつ》させて天国行と地獄行に人間を分けます。しかし親神さまは、この人間世界をあくまでも大事に守って、みんながその生命を十二分に生かしきり、だんだんとより良い世界をつくりあげるよう励まし、たすけてくださる神さまです。人間がこの世で陽気ぐらしをするのを見て、共に楽しみたいとの思召から創造され、その後、九億九万九千九百九十九年の長い間、大事に育てあげ、ずーっと十全のご守護をくだされているのが、親神さまです。こんなに苦心して長い間かかってつくりあげ、育てあげ、守っているこの世界や人間を破滅させるなどなさるはずはありません。ノストラダムスの予言は、セム系宗教の神なら考えられることですが、親神さまは、そのようなことはお許しにはなりません。

またセム系の宗教では、神は絶対的な権威《けんい》で、有無《うむ》を言わさず命令し、人間を服従《ふくじゅう》させます。しかし親神さまは、人間に知恵と文字を教え、人間が自分で考えて判断できる能力を与えられました。人間は、その知恵で親神さまの思召を十分考え、納得《なっとく》して承知《しょうち》をしてから物事を進めるように教え導いてくださいます。思案《しあん》せよというお言葉が、おふでさきにもたくさんでてきます。これは親神さまが、人間の自主性と主体性を尊重くだされている証拠《しょうこ》です。

このように親神さまは、人間の自主性をもっとも尊重し、人間がその可能性を十分に伸ばし、その生命を生かしきり、この世界をより良いものへとつくり替え、すべての人たちが幸せになるよう励まし、お守りくださる本当の親なる神さまです。

---

⑪親神さまはこの世は神のからだと仰せられ、天理をつかさどる神様ですが、自然が神という汎神論《はんしんろん》の神や、この世の法則が神という理神論《りしんろん》の神とはどのように違うのですか。

親神さまはこの世界を、一分《ぶ》のすきも狂いもない天の理をもって統《す》べ治められ、整然《せいぜん》と

した法則どおりのご守護をくださいます。

しかしその一方で、人間可愛い一条から、たすけを切に祈る子供（人間）の願いを受け取ってくださって、自由自在《じゆうようじざい》の不思議なご守護をくださいます。身近な病気の苦しみや、悩みごとをたすけてくださると共に、その病の根を切り、現世だけではなく未来永劫《みらいえいごう》、末《まつ》代《だい》の幸せをお約束くださいます。病気をなおしてほしいとか、商売が繁盛《はんじょう》するようにしてほしいと願う人々の身近な願いもお聞きくださると共に、さらに大切な、全人類の末代の幸せのための、世の立て替えのご守護をくださいます。この世での物や経済上のご利益をくださるだけではなく、魂の永遠の幸せもくださる神さまです。

親神さまはこの宇宙自然を、からだとされ、私たちはその懐《ふところ》の中であたたかい親心につつまれて生かされています。その点で親神さまは、自然が神という、汎神論《はんしんろん》（註２）の神さまという見方もできます。しかし親神さまは、汎神論の神さまではありません。この宇宙自然を創造された神さまですから、宇宙自然とはイコールではなく、宇宙自然を超越《ちょうえつ》した絶対の神さまです。汎神論の神は、神の思召やお働きは何かについては教えられません。しかし、親神さまは、どういう目的や思召からこの世と人間を創造し、そしてどのようにそれを守護し、人間に対して、どのような世界をつくりあげることを待ち望んでいるのかなどについて教えられた神さまです。すなわち、教祖《おやさま》のお口を通してこの世人間の創造の目的や、たすけたい一条の親心を説きあかされた、超越的《ちょうえつてき》でかつ内在的《ないざいてき》な人格神《じんかくしん》（註３）です。人間を幸せにするために、人間に語りかけられ、人間がそれに責任をもって応えることを求められる神さまです。神、イコール法則とする理神論《りしんろん》（註４）の神ではなく、人間の言葉でその思召をお伝えくださる神さまであり、自由自在《じゆうようじざい》のご守護をくださる救《すく》いの神さまです。ですから親神さまは、人間や自然を超越しながら一方では、自分がつくったすべてのものを、その懐《ふところ》の中に包みこみ、その内に入りこんでご守護くださる、もっとも身近な内在の神さまです。

仏教では、この苦しい世界から解脱《げだつ》（註５）し、涅槃《ねはん》（註６）の境地《きょうち》に入れる正しい道を教える仏陀《ぶっだ》や、死後、浄土《じょうど》（註７）で極楽の世界を味わわせてくださる阿弥陀仏《あみだぶつ》や、薬で病気をたすける薬師如来《やくしにょらい》など、たくさんの仏さまが崇められています。しかし、そこにはこの世の苦しみに打ち勝ち、この世界を幸せなものにつくりかえる積極的で建設的な生き方を教える教えは見られません。それはこの世人間を創造し、守護する神さまの教えではないからです。

――補足――

ユダヤ教の神には名がない

ユダヤ教では、神の名はない。旧約聖書に、「神の名を呼んではならない」とあり、無名である。その代わり信者たちは、アドナイ（主）とかロードと呼んでいた。神の名はローマ字表記《ひょうき》ではＹＨＷＨの四つの子音で表記されるが、どう発音するのか全くわからない。一年に一度大祭司が神殿で神の名を呼ぶが誰にもわからない。しかしその後、そこへ母音を入れて、Yahveh（Jahveh）とかJahwehまたはJaweなどと呼ばれるようになる。

エホバの証人（ものみの塔）は、エホバと呼んでいる。

恐ろしい神ヤハウェ

神の敵を皆殺《みなごろ》しにする物語が旧約聖書にはたくさん出てくる。罪を許さず罰《ばっ》する。気にくわないとノアの箱舟の物語のように、ノアの一家を除いて皆殺しにする。バビロンの塔もぶち壊《こわ》す。ソドムの町人も皆殺しにするなど、旧約聖書には恐ろしい殺し屋ヤハウェの物語が満載《まんさい》である。あの有名な宗教改革者、マルチン・ルターも、「神は悪魔以上に恐ろしく、むごたらしい」と言っている（ルードルフ・オットー『聖なるもの』華園聰麿訳　創元社・二〇〇五年三月二〇日　一九六頁)。

イスラームのアッラー(神)

イスラームのアッラー(神)は、『クルアーン』の中で次のように言っている。

「アッラーと使徒《しと》に叛《そむ》くような者にたいしては、アッラーは烈しい罰《ばつ》を下し給う。─中略─信なき者どもには火の刑罰《けいばつ》が相応《そうおう》じゃ」(井筒俊彦訳『コーラン』(上) 岩波文庫・一九六五年四月二〇日 二三九頁)。

「また聖典(筆者註─旧約聖書のこと)を頂戴《ちょうだい》した身でありながら真理《まこと》の宗教(筆者註─イスラーム)を信奉《しんぼう》もせぬ、そういう人々にたいしては、先方が進んで貢税《こうぜい》を差出し、平身低頭《へいしんていとう》して来るまで、あくまで戦いを続けるがよい」(『前掲書』二五五頁)。

「まこと、我らの神兆を信じないような者ども、そういう者どもはいまに燃えさかる火に焼いてくれようぞ。皮膚がすっかり焼けてしまったら、何遍《なんべん》でも新しいのと取り換えて、天罰《てんばつ》をじっくり味わせてやるぞ」(『前掲書』一一九頁)。

アッラー(神)は信者には慈悲深《じひぶか》い神であるが、自分を信じない人に対しては極めて厳しい神であることが、引用した『クルアーン』に述べられている。

養老孟司教授のセム系一神教観

元東京大学医学部の養老教授は『バカの壁《かべ》』の中で、セム系一神教をバカの壁と表現する。氏の言う壁とは、話が全く通じないこと、互いに理解し和解し合えないことだと私は理解している。教授は、セム系一神教からカトリックを除いている。それはカトリックが、第二バチカン公会議（一九六二年～六五年）以後、他の神の教えにも真理があると認め、今までの排他的非寛容《はいたてきひかんよう》な姿勢を改め、他宗との和解と共存に努力しているからである。壁を取り除くのに千六百年もかかった。養老教授が人類の未来のため心から願っておられることは、セム系一神教の信者がこれ以上増えないことである。

ところが残念ながら、イスラームはこの二十年前と較べ、八億人から二倍以上の十七億人に増えている。願わくば、そのイスラームも、トルコやマレーシアのような穏健《おんけん》なイスラームであってほしい。

しかし、アルカイダや自称イスラーム国（ＩＳ）のような過激なイスラーム集団が生まれてくる素地《そぢ》があることは否定出来ない。

・註1……三位一体

創造主である父なる神、救世主である子なるイエス、および、人間への直接的な働きかけをする聖霊の三つは、それぞれ別々の知恵と意志とを備えた独立の主体でありながら、その実体は、一つであるとするキリスト教の神についての教えです。

・註2……汎神論

この宇宙自然が神であり、神と世界とは一体であるとする考えです。

・註3……人格神

神の思召を人間に対して人格的に語りかける神のことです。

・註4……理神論

創造のあと、世界は神の支配を離れ、自然の法則に従って自動的に働くとし、奇蹟などの不思議な守護や救けを認めない神学のことです。

・註5……解脱

迷いから逃れて、安らかな心境になることです。

・註6……涅槃

煩悩《ぼんのう》（身体や心を惑わし、けがす精神作用）の火を吹き消した悟りの境地のことで、仏教における理想の境地です。

・註7……浄土

仏のいる清らかな理想の世界のことです。

創造について

⑫旧約聖書にも古事記や日本書紀にも創世神話がありますが、それらと本教の「元初まりの話」とが根本的に違うのはどういう点ですか。

私たちは、宇宙自然の中で生かされて生きています。この私たちや世界はどうしてできたのか、いつごろ誰によって創《はじ》められたのかは、誰でも知りたいことです。

世界の宗教の中には、この世界や人間の初まりについての物語、いわゆる創世神話《そうせいしんわ》がたくさんあります。世界の大宗教の中で、不思議なことに仏教には、創造についての教えがないのです。そのわけは、お釈迦さまが、それについては「無記《むき》」とされ、いっさい何も話さず沈黙《ちんもく》を守られたからです。日本の神話である『古事記《こじき》』や『日本書紀《にほんしょき》』などには、日本の国土をつくる話があります。しかし、世界や人間を創造した話はありません。

人間と世界を創造した話として有名なのが、旧約聖書の「創世記《そうせいき》」（註1）に出てくる話です。それは、いろいろの資料を材料にして書かれたものです。第一章は、紀元前六百年ごろの資料をもとにして書かれたもので、神は六日間かけて万物《ばんぶつ》をつくり、七日目には疲れたので休まれたとあります。一週間が七日で、最後の日が日曜日なのは、そこからきています。ユダヤ教徒が金曜日から土曜日にかけて、キリスト教徒が日曜日を安息日《あんそくび》として休み働かないのは、神が休息をとられた日だからということです。第二章には、紀元前九百年ごろのものと思われる資料をもとにして書かれた創造の話があります。ここでは、神の像に似せて土から人間の形をつくり、そこに息を吹き込んでアダムをつくり、次いでアダムのアバラ骨からエバをつくったとあります。

二千数百年前の古い物語と比較すること自体問題ですが、基本的な考えについて、お道の「元初まりの話」（元の理）と、聖書の「創世記」とを比較しますと、まず、「創世記」には、創造の目的が書かれていません。しかし、それが大きな影響を受けたメソポタミアの創造神話から推測《すいそく》すると、神が人間をつくったのは、神に仕《つか》え、神を崇《あが》め、神に服従《ふくじゅう》させるためだと思われます。お道の「元初まりの話」では、人間が陽気ぐらしするのを見て、共に楽しみたいという目的で人間をつくられました。

聖書では、人間や世界はごく短い間に、しかも初めから成人した大人としてつくりだされます。しかしお道の「元初まりの話」によれば、親神さまは、創造に使う道具や雛形《ひながた》を引き寄せ、承知をさせてもらい受け、その性《しょう》を見定めるなどの準備を十分にととのえられてから、創造の業《わざ》にかかられます。そして最初から完成したものを生みだされるのではなく、原初《げんしょ》の生命体とでもいうべき、小さいものをつくり、それが三度の出直しや八千八度の生まれ替わりを経て、だんだんと次第に一人前の人間に成長するよう、何億年もの歳月《さいげつ》をかけて育てられ守られます。生命とは成長するものです。最初から成長を終えたものをつくるというのは、やはり生命の本質に反することなのです。「創世記」の第二章では、神は最初にアダム一人をつくり、次いでその妻をつくります。「元初まりの話」では、九億九万九千九百九十九人の子数を宿し込まれます。すなわち人類という種《しゅ》を最初から生みだされます。ですから全世界の人間はみな、創造の時点から兄弟姉妹というわけです。

旧約聖書の「創世記」では、自然は最初から人間が支配するものだとしています。砂漠《さばく》の多い土地に生まれた教えですから、厳しい自然と戦い、それを征服《せいふく》するという教えが説かれたのでしょう。「元初まりの話」では、人間の成長に応じて自然も、住みやすいようにだんだんと形づくられていきます。最初はどろ海のような混沌《こんとん》とした世界でしたが、人間の成人に応じて住みやすい環境、秩序《ちつじょ》ある宇宙自然（コスモス）となっていくと教えられています。しかもその自然は、決して戦ったり支配するものでなく、親神さまの守護が十分に行き渡っている親神さまのからだであり、懐《ふところ》です。私たちは天地抱《だ》き合《あ》わせの親神さまの懐に抱《いだ》かれて、温かい親心に守られて、生かされているのです。

⑬ユダヤ教もキリスト教もイスラームも聖典とする旧約聖書の創世記と比較して、「元初まりの話」のだめの教えたる点についてさらに教えてください。

「創世記」の第六章に、神は人間をつくったことを後悔《こうかい》し、それを滅《ほろ》ぼすという話があります。有名なノアの洪水《こうずい》神話ですが、「元初まりの話」では、親神さまは、人間と世界をつくったのは、陽気ぐらしをするのを見て共に楽しみたいという思召からです。人間が成人してこの世界を、だんだんより幸せな世界に立て替えることを待ち望まれ、励まし、守護くださるのです。つくったことを後悔などなさらないし、滅ぼすなど絶対に考えられないことです。「創世記」では、最初の人間アダムとエバが、神から禁じられていた知恵の実を食べたので（生命の実も）天国から追放《ついほう》され、苦しい労働やつらい出産や死などが天罰《てんばつ》として与えられます。「元初まりの話」では、人間が成人を遂《と》げたとき、知恵と文字の仕込みをいただきます。知恵や知能は、「禁断《きんだん》の木の実」ではなく親神さまの恵みであり、それを使って文化をつくるようにと与えられたものです。このように「元初まりの話」は、人間の生命が生物の段階から、文化創造の歩みをすることが教えられています。

一方、「創世記」には、人間創造のすぐあとに、人間が堕落《だらく》し神の罰を受けたと説かれています。創造が人間にとって悲しい運命の出発点であり、人間はその罪を贖《つぐな》わねばならないのです。

「元初まりの話」は正反対に、よろづたすけの道であるおつとめの真理を説き明かされたものです。すなわち、全人類がたすけていただくことのできる、おつとめと結びついたお話です。おつとめは、人間創造のぢばで、親神さまの創造のお働きを手ぶりであらわして勤め、それによってすべてのたすけ、よろづたすけのご守護がいただけるのです。創造説話が最も重要な祭儀《さいぎ》（おつとめ）のありがたさを明らかにすると共に、すべての救済《きゅうさい》のもとになるという点では、世界では他に例のない創造説話です。

「元初まりの話」はそれだけではなく、立教の神秘的な理由を明らかにしてくださいました。すなわち、なぜ天保九年十月二十六日に教祖《おやさま》をやしろとして、ぢばに親神さまが現れられたかという立教の理由、人間や世界の存在と理由と意義、歴史の目標、身体の内と外、つまり、大自然の中の親神さまの守護の実相《じっそう》などが、この「元初まりの話」の中に、説き明かされているのですから、決して単なる神話でもなく、また、進化論《しんかろん》（註２）でもありません。そして、当時の農民にわかりやすいように、人々になじみの深い動物（架空《かくう》のものも含め）や、神名を使ってわかりやすく説かれていますが、その一つひとつの名前や数字にも、実に深い深い意味が込められているのです。

最近、多くの学者も「元初まりの話」の中にある深い思想や哲学を探《さぐ》るため、いろいろと研究を進めています。また、文化人類学や深層心理学《しんそうしんりがく》、生物学などからの研究も行われています。それは、汲《く》めどもつきない深い内容をもったお話なのです。

しかし中には、生命は「つくられるべくしてつくられ、生まれるべくして生まれた」とか、「生命の誕生だけでなく、ヒトへの進化もまた、なるべくしてなった」と、科学的な見方を主張する人もいます。しかし親神さまのお言葉が書き記《しる》されてある原典によると、生命は決して生物学的物理学的な必然性でもって誕生したのではなく、親神さまの並々ならぬご丹精、ご苦労によってつくられ、しかもその後、長い年月にわたって、一日として休むことなくご守護くだされ、育ててくださったのです。生命自然発生説や進化論と根本的に違う、親神さまの果てしない大きなご守護のお話が「元初まりの話」です。

―― 補 足 ――

キリスト教の三大ショック

余計なことながら、キリスト教は近代に入り、三つの大ショックを受けねばならなかった。一つめは、コペルニクスの地動説《ちどうせつ》を証明したガリレオ・ショック。二つめは進化論《しんかろん》を説いたダーウィン・ショック。そして三つめは宇宙船が月面に着陸したアポロ・ショック（天にまします我らの神への信仰に対するショック）である。

本教は、こうしたキリスト教のようなショックを受けることはない。本教の宇宙観は、地動説でも天動説《てんどうせつ》でもない。また神は天にいますという教えでもない。この大自然は親神さまのからだであり、その懐《ふところ》である。だからガリレオ・ショックもアポロ・ショックもない。また、本教の生命観は、進化論と矛盾しない。科学的進化論は、学問の上での一つの仮説《かせつ》であり、元の理は神の啓示の教えである。ダーウィン・ショックを受けることはない。それを包括《ほうかつ》する教えである。

ガリレオ裁判や進化論についてのローマ教皇の言葉

カトリック教会は二十世紀入って、ガリレオ・ガリレイ裁判の非を認めて謝罪《しゃざい》した。一九九六年には、ローマ教皇（法王）ヨハネ・パウロ二世は進化論は神の教えとは矛盾しないと発言した。しかし、前教皇ベネディクト十六世は、進化論はすべての問いに答えていないとする。確かに進化論では説明できないことがたくさんあるので、アメリカ保守派キリスト教が唱える「知的計画」説を支持している。ところが現教皇フランシスコは、科学者が集うバチカン科学アカデミーの会合で、「世界の始まりは混乱の産物ではない。創造主の手がビッグバンを必要とした」とか、「神は、自然の法則に従って進化するよう生物を造られた」などと述べたとか（朝日新聞、平成二十六年十月三十日朝刊）。ローマ教皇も遂《つい》に聖書の文言《もんごん》を棚上《たなあ》げせざるをえなくなった。

もっともカトリックは、かつては信者には聖書を読ませず、教皇の教えは聖書と同等のものとした。それを批判したのが、ルターやカルヴァンなどの宗教改革者（プロテスタント）であったので、聖書の「創世記」を棚上げする可能性はつねにあったと思う。

仏教には創造の教えはない

釈迦《しゃか》も創造については教えていない。弟子が質問するとノーコメント（無記《むき》）だった。従って弘法大師空海《こうぼうだいしくうかい》も、親鸞聖人《しんらんしょうにん》も日蓮聖人も創造については全くノーコメントである。

幕末から明治にかけて新しい宗教を創立した大本《おおもと》の出口ナオ開祖も、金光《こんこう》教や黒住《くろすみ》教の宗祖も、人間と世界の創造については全くノーコメントである。人間には創造の神秘はわからないからである。人間と世界を創り育ててくださった親神さまだけがこの真実を語ることができるのである。

・註1……創世記
旧約聖書の初めの書で、世界創造の物語などの神話伝説を記録したものです。
・註2……進化論
生物のそれぞれの種は、神によって個々に創造されたものでなく、きわめて簡単な原始生物から進化してきたものであるという説です。

人間観について

⑭キリスト教では人間には原罪《げんざい》があり、罪深いものという考えがあり、仏教では人間の生そのものが四苦八苦《しくはっく》であるとしています。本教でもほこりやいんねんの教えがありますが、どういう点が違うのですか。

人間はなぜ、何のために創《つく》られたのでしょうか。セム系の宗教では神の栄光をあらわすために創られたと教えています。そうだとすると、この世で人間が生きているのは神のためであって、人間のためではないということになります。また仏教には創造の教えがないので、何のため人間が創造されたかについては何も教えていません。

親神さまは、人間が陽気ぐらしをするのを見て共に楽しみたいとの思召から人間を創られました。神さまのためだけではなく、人間が幸せで喜びに満ちた暮らしをさせるために創られました。さらに何度も生まれ替えさせてくださり、この世を楽しく生きるよう人間を造り直してくださいました。犬、猫にも目がありますが、美しい花や風景や絵画は楽しめません。耳を持っていますが、音楽を楽しむのは人間の耳だけです。動物に口はあっても、グルメを楽しめるのは人間の口だけです。親神さまはこのように人間がこの世で楽しく生きることができるよう丹精をこめて造ってくださったのです。

次に人間の本性について、セム系の宗教では、人間は神の像に似せて特別に造られましたが、その後、神の命に背《そむ》いて罪人《つみびと》になったと言われています。そしてその罪は遺伝し、生まれながらにして悪いことをする本性をもっているとしています。四世紀のキリスト教の修道師ペラギウスは、この罪が遺伝するという教えに反対し、罪はあくまで個人々々が責任をとるべきと言いましたが、かえって批判されました。

仏教では人間そのものが四苦八苦《しくはっく》（註1）であるとしています。

お道では本来人間は、善《よ》いものと教えられています。ただ、与えられた心の自由の使い方を間違って心にほこりを積み、それが悪いいんねんになることがあります。それが、病気や不幸の原因となります。しかし、そのほこりはきれいに出来るし、いんねんも良いものへと変えていく努力をすれば、親神さまがたすけてくださいます。中には長くかかるものや、何度も出直し生まれかわりをしないと掃除《そうじ》できないものもあるでしょう。しかし親神さまのご守護と人間の努力で最後には元のきれいな善い本性にたちもどれるようにしてくださいます。

人間はみな、一人残らず生まれた時から罪人《つみびと》であるとか、悪魔《あくま》の血（註2）を遺伝しているとか、この世の生は苦だといった教えは、言わば人間性を冒涜《ぼうとく》し、人間を冷たく、暗くみる意地悪《いじわる》な見方と言えましょう。いずれはたすけられるとしても、それは無実《むじつ》の人を有罪《ゆうざい》にし、そのあとで無罪にしたというのと同じことです。

---

⑮この世で全ての人間に陽気ぐらしさせるというをや直々《じきじき》の教えは世界には無いそうですね。また、セム系の宗教では霊魂《れいこん》の救《すく》いを強調して、身体（肉体）を軽くみているようですが。また、キリスト教も、仏教も、イスラームも女性を蔑視《べっし》しているように思いますが……。

セム系宗教の人間観には、選ばれた者とそうではない者という区別や差別や選別があり

ます。すなわち、すべての人間が救われるわけではありません。救われる者と見捨てられる者とに分けられるのです。選ばれた一部の人は天国で幸せになり、そうでない人間は、地上で滅ぼされるか地獄で火に焼かれてしまうのです。仏教にはこうした選民《せんみん》思想はありませんが、一人残らず、六つの苦しい世界（六道輪廻《ろくどうりんね》）にいつまでも転々として苦しまねばならないから、それから抜け出すことが信仰の目標となっています。

お道では、人間はみな親神さまの可愛い子供ですから、一人残らずみんなをたすけてくださいます。地獄《じごく》などは親神さまの「ふところ」にはありませんから、地獄で苦しむ人は一人もいません。今は、ほこりやいんねんのため苦しんでいる人がいますが、最後にはそれもみんなが、天国や極楽《ごくらく》にいるのと同じ幸せな陽気づくめの生涯《しょうがい》を送ることができるようご守護くださいます。

人間は、心と身体を持っていますが、身体をどう見るかによって人間についての見方に差が出てきます。セム系の宗教では、身体や肉体をあまり重要視《じゅうようし》せず、心（霊魂《れいこん》）の救いを強調します。仏教もそれとよく似た見方をしています。

お道では身体は「かしもの・かりもの」であり、親神さまのご守護がその中に働いているとします。陽気ぐらしをするために、私たち人間に身体をお貸し与えくだされ、ご守護くだされているのです。ですから健康で病まず弱らず、百十五歳の定命《じょうみょう》を全うすることを、親神さまはお喜びくだされます。

人間は男性と女性の二つの性があります。セム系の宗教では、一番重要な祭りを執《と》り行えるのは男性だけです。女性は聖なる儀式に参列できても参加できず、まして聖職《せいしょく》にはつけません。それはキリスト教系のどのカルトでも同じです。「エホバの証人」でも、モルモン教でも、統一教会でも、指導職には女性はなれません。

もっとも、今日の正統派のキリスト教は、婦人の社会的地位の向上に大きく貢献《こうけん》しました。最近、教会内での地位の向上を目指す女性神学や女性解放の運動が盛んになってきました。それでも未だに女性は、重要な宗教行事や活動から排除《はいじょ》されたままなのです。

仏教も女性蔑視《べっし》と女性排除という点ではセム系宗教と全く同じです。大乗仏典には「女人と地獄は同じ」とか「女はブッダ（悟った人）になれない」といった女性蔑視《べっし》の言葉がたくさん見られます。上座部仏教《じょうざぶ》（小乗仏教）の戒律《かいりつ》も、男の坊さんは二五〇ですが、尼さんには、三五〇と多いのです。セム系の宗教と同じように、女性は重要な法要《ほうよう》などの宗教行事はできません。こうした女性蔑視や差別は、古い時代の誤った偏見《へんけん》から来ています。

生み育てる働きをする女性は、生命あるものの台とも言ってよいものです。生き物の基本は女の性です。そこから男の性が分化したのです。

親神さまは、地と天とをかたどって、男性・女性、父性・母性を創られ、その結合によって、新しい生命を生むよう、ご守護くだされています。ですから、ある宗教の聖職者《せいしょくしゃ》の独身制は、立派なことでしょうが、天の理に反する不自然な生き方と言えます。

お道では、男性と女性の宗教活動や行事での差別は全くありません。教祖《おやさま》は両性を松にたとえられ、女松《めまつ》、男松《おまつ》のへだてがないとされ、一番大切なおつとめに平等に参加しています。女性の教会長も多く、布教の最前線に立っています。生命の原理に一番忠実な教えと言うより、生命原理そのものの教えです。

---

⑯生み出され、成長し、出直し、生れ更って、また成長し、陽気ぐらしへ向って果てしなく進んでいくという希望に満ちた教えは本教（だめの教え）以外には無いのですか。

人間は誰でもいずれは死を迎えます。キリスト教では死は罪《つみ》を犯した罰《ばつ》です。仏教では

生きていることは、老いること、病気すること、死ぬことと共に苦しみであるとします。

お道では死は再びまた、この世に生まれかわってくるための出直しだとします。

人間は未成人から成人へと果てしなく成人していくものだとされます。成人への歩みは果てしなく続き、人間の完成に向かって歩みつづけるものです。すなわち神から与えられた「知恵と文字の仕込み」を十分に使って、創造の親である元の神・実の神の思召に添って、陽気ぐらしを目指して生きる存在です。親神の「ほうき」としての守護に頼りつつ、心の掃除と成人への努力を積み重ねて、だんだんと人間も世界も、よりよいものへと造りかえていくのが人間の本当の生き方です。このように、自分と共に世界全体をよりよいものへと果てしなく改善《かいぜん》していくという、建設的で未来創造的な生き方が教えられています。

人間を二つに分け、敵対《てきたい》する相手を悪魔《あくま》などとする人間観は、戦争を生みますが、お道のように、人間は果てしなく成人していかなければならないものであり、お互いに一れつ兄弟姉妹として、扶《たす》け合って生きねばならないとする人間観が、真正《まこと》の平和をもたらす人間観です。今までの古く間違った人間観と比べると、だめの教えの人間観は、明るく希望に満ちた本当の人間観が教えられていることがよくわかります。

――補　足――

キリスト教の人間観

キリスト教では、神と人間との関係は主人と奴隷《どれい》のような関係である。君主《くんしゅ》と家来《けらい》の関係である。

キリスト教では、神は人間を神の像に似せて造られたから、人間は神に似た立派な存在であるという。

その一方で、人間は土から作られた塵《ちり》のような存在でもある、という。

神に対しアブラハムが言った有名な言葉がある。「塵あくたにすぎないわたしですが、あえて、わが主に申し上げます」（「創世記」18―27）。

またキリスト教では、人間はアダムとエバが犯した罪を受け継いでいるとする。先に述べたが、四世紀にペラギウスがそれに反論をしたが、結果は、人類はアダムとエバの原罪《げんざい》を遺伝《いでん》しているという聖アウグスチヌスの説が正統教義となった。

原罪について

同じ旧約聖書を信奉《しんぽう》しているユダヤ教では原罪《げんざい》は解消《かいしょう》されたと批判している。

イスラームでは、キリスト教は原罪説で信者を脅《おど》し引きとめようとしていると言っている。キリスト教系のカルトは、ことさら原罪を強調して、脱会すると地獄へ落ちるぞと脅している。

本教は人間完成の道

本教の人間観は性善説《せいぜんせつ》であると言えよう。しかし単純素朴《そぼく》な性善説ではない。人間は知らないうちにほこりを積み、それがいんねんとなる。

確かに、与えられた心の自由を神の思召に反するような使い方をした場合には心のほこりを積む。しかし、それを掃除しようと努力すれば、親神さまが自ら〝ほうき〟となって救けてくださる。また、心のほこりが積もり重なり悪いいんねんを作ることもある。しかし、その悪いいんねんも良い（白）いんねんに作り変え、納消《なっしょう》することができるのである。本教こそ、真のヒューマニズムの教えである。諸井慶徳《よしのり》博士（註3）が強調されているように、本教は人間完成への道である。

二代真柱様の研究発表

旧ソ連モスクワ大学で行われた第二十五回国際東洋学会（昭和三十五年・一九六〇年）における研究発表で、二代真柱様は「天理教にあっての女性の立場に就て」というテーマで研究発表をされた。

その要旨《ようし》を紹介すると、まずはじめに、女性に対する古い偏見《へんけん》を批判され、本教の女性観は実践の上で表れているとし、

（一）最も重要な祭儀《さいぎ》であるおつとめに於いて男女が全く平等に勤める。すなわち、かんろだいを囲んで勤めるかぐらづとめには男性五人、女性五人のつとめ人衆で勤められ、一般の教会の座りづとめでは男性三人、女性三人によって勤められる。

（二）女性が教会長を勤める（当時一五〇〇〇ある教会の内、女性の教会長が三分の一であった）。

（三）全教職員（教人）一〇万人のうち五割四分が女性である。

（四）ようぼく（別席を受けておさづけの理をいただいた者）は、約四〇万人の内、二十六万人が女性である。

（五）布教伝道の場で女性布教師が中心的役割を果たしている。

結論として、天理教では男性と女性が対等に助け合って、祭儀、布教伝道、人だすけに活躍していると述べられている。

これほど女性が宗教、すなわち聖なる領域《りょういき》で活躍している宗教は古今《ここん》東西、世界中どこにもない。

女性原理優位《ゆうい》のお働き

「元初まりのお話」の中でも、女性原理優位のお働きを拝することができる。

例えば、いざなぎのみこと様（男性神）が先にお姿をかくされ、いざなみのみこと様（女性神）がひき続いて人間育成のご守護をくだされる。

また、人間の成人への最後の段階で女猿《めざる》が一匹残り、そこから男五人、女五人が生まれる。

みかぐらうたに、

ふうふそろうてひのきしん
これがだいゝちものだねや　（十一下り　二ッ）

というご神言があるように、おつとめ、おたすけ、ひのきしんなど、あらゆる宗教活動を、夫婦が共に力を合わせ助け合って行うよう教えられている。

男女共学の先鞭《せんべん》

この夫婦揃《そろ》うてということは、海外布教伝道の場合にも期待された。海外布教師養成のため天理外国語学校を創設されたが、その時代はまだ「男女七歳にして席を同じゅうせず」と言われ、高等教育機関では男女別学の学校がほとんどであった。

しかし創立された天理外国語学校は、全国でも他に例を見ない男女共学として出発したのである。

残念ながらその後、国の文教政策《ぶんきょうせいさく》のためやむを得ず女子学院を作り、男女別学とした。しかし、カリキュラムは全く同じであった。

キリスト教の女性観は

旧約聖書の「創世記」の古い方では男（アダム）のあばら骨から女（エバ）をつくったと書いてあることは先に述べた。

エデンの園では、エバ（女性）が蛇の誘惑《ゆうわく》に騙《だま》されて神から禁じられた木の実を食べた。その為に人類は堕落《だらく》したとする。そこから女性は騙されやすい存在であり、罪深い存在だと教えられることになる。

新約聖書では、「コリントの信徒への手紙一」11—7~9に「男は神の姿と栄光《えいこう》を映す者ですから、頭に物をかぶるべきではありません。しかし、女は男の栄光を映す者です。というのは、男が女から出て来たのではなく、女が男から出て来たのだし、男が女のために造られたのではなく、女が男のために造られたのだからです」と書いてある。

「テモテへの手紙一」の中では、
「婦人が教えたり、男の上に立ったりするのを、わたしは許しません。むしろ、静かにしているべきです。なぜならば、アダムが最初に造られ、それからエバが造られたからです。しかも、アダムはだまされませんでしたが、女はだまされて、罪を犯してしまいました」（2―12～14）と書いてある。パウロの主義主張である。

あの天使博士と言われ、カトリック教会最高の神学者聖トマス・アクィナスもこれら聖書の教えを信じ、女性は道を誤った男だと蔑《さげす》んでいる。また教会に於いて男性と同権とすべきでない、女性は男性を助けるために創造された。女性は出産することではじめて救われると言う。宗教改革者マルチン・ルターは、女性が出産の時苦しんで死んでも仕方がないとさえ言っている。

カトリック教会の序列では女性の地位は最低である。というより、地位が与えられていないのに等しい。教皇（法王）、枢機卿《すうきけい》、大司教、司教、司祭、助祭は全て男性である。修道女はその下である。

英国国教会でもカトリックと同じく女性の主教はいなかった。二〇一五年になってはじめて七名が主教に叙任《じょにん》された。

プロテスタント各派には女性牧師がいる。しかし、いずれも上位の立場にはなれない。カトリックでは最も大切なミサ（聖餐式《せいさんしき》）を行うのは独身の男性である。全ての面で女性差別、女性排除《はいじょ》の宗教である。男性優位、男尊女卑《だんそんじょひ》である。

この旧約聖書の男女観を真向《まっこう》から批判したのが、生化学の第一人者、青山学院大学教授福岡伸一氏である。その著書（『できそこないの男たち』―生命の基本仕様《しよう》、それは女である―〈本のカバーの中の文言〉）の中で、教授は次のように書いている。

「アダムがその肋骨《ろっこつ》からイブを作り出したというのは全くの作り話であって、イブたちが後になってアダムを作り出したのだ。自分たちのために」（光文社新書・二〇〇八年一一月一〇日一八五～一八六頁）。

キリスト教の女性蔑視《べっし》の歴史

キリスト教の男尊女卑《だんそんじょひ》の事例は数かぎりなくある。例えば旧約聖書ではみな一夫多妻であり、ソロモン王など千人の女性をかかえていた（正妻三百人、妾は七百人と書いてあるが、第二夫人は皆外国の妃だとか）。女性は家畜《かちく》や物品と同列に扱われ、女性は男性の倍穢《けが》れていると見られ、天国には女性と子供はいない。

「ヨハネの黙示録《もくしろく》」7―4では、天国へいけるのは選ばれた十四万四千人のユダヤ人の男性だけである。

教会に入るとき、女性だけ頭にスカーフをかぶることは今日でも行われている。

キリスト教の女性差別が生んだ悲劇として有名なのは、西暦一四五〇年頃から一七五〇年頃までヨーロッパの各地で行われた魔女裁判《まじょさいばん》である。原因は悪魔への恐れと女性蔑視《べっし》からである。その残酷《ざんこく》さとおぞましさは言葉に言い表せないくらいである。多くの女性が女性であるが故に悪魔と交わったとか、魔術を使ったという言いがかりをつけられ、無実の罪をきせられて火刑に処された。キリスト教史の汚点《おてん》の一つである。

イスラームの場合

クルアーンにはこう書いてある。

「アッラーはもともと男と（女）との間には優劣《ゆうれつ》をおつけになったのだし、また（生活に必要な）金は男が出すのだから、この点で男の方が女の上に立つべきもの。だから貞淑《ていしゅく》な女は（男にたいして）ひたすら従順《じゅうじゅん》に、またアッラーが大切に守って下さる（夫婦間の）秘《ひ》めごとを他人《ひと》に知られぬようそっと守る事が肝要《かんよう》」

ここからが面白いのである。

「反抗的《はんこうてき》になりそうな心配のある女はよく諭《さと》し、（それでも駄目《だめ》なら）寝床に追いやって（こらしめ、それも効かない場合は）打擲《ちょうちゃく》を加えるもよい」（井筒俊彦訳『コーラン』（上）岩波文庫・一九六五年四月二〇日　一一五頁）。

イスラームの信者が礼拝するモスクでは女性は男性と一緒に祈れない。片隅《かたすみ》のカーテンで囲んだ別の所でしか礼拝できない。

イスラームでは平等に愛するという条件の下で四人まで妻が持てる。これは戦争で多くの男子が戦死したので未亡人《みぼうじん》を助けるための処置《しょち》だとか。

サウジアラビアでは、今まで女性は車の運転は出来ない。最近出来るようになった。女性には参政権《さんせいけん》もない。高等教育を受けるには男性保護者の許可が必要である。

しかしアルカイーダなどのイスラーム過激派の女性差別、女性蔑視《べっし》、女性排除《はいじょ》に比べると、サウジアラビアの方はまだましである。アルカイーダは女性を外で働かせない。学校へも行かせない。

イスラーム教徒が死ぬまでに実現したいと願うのがメッカ巡礼《じゅんれい》である。遠い所からてくてく歩いて途中で一生を終えると、その子供が父の跡をついで巡礼を続けるというケースもある。

女性もメッカ巡礼には行けるがその数は圧倒的に少ない。

メッカに巡礼すると、羊か山羊《やぎ》を神・アッラーに捧《ささ》げる。多い年だと五十万頭が生《い》け贄《にえ》として殺される。殺生《せっしょう》を禁じている日本の伝統の宗教の中で育った日本人には、その生け贄の儀式のすさまじさは絶対にわからない。想像を絶する。

聖母マリア崇拝の謎《なぞ》

カトリックでは古くから聖母《せいぼ》マリア信仰が盛んであった。西暦四三一年頃からあったとか。しかし一九六九年にカトリック教会は遂に、イエスの母マリア（イエス・キリストの母）は原罪《げんざい》はないと宣言する。そして聖母マリアは天使に導かれて天国へ昇天《しょうてん》したという。こうなると三位一体の神に聖母マリア崇拝を加えて、四位一体の神になるのではと言う人もいる。もちろんプロテスタントはこれを認めない。聖母マリア崇拝は男尊女卑の代償《だいしょう》行為であるという人も多い。

あるドイツ人教授の正直な告白《こくはく》

ここで、一つ私が経験したエピソードを紹介する。

二代真柱様のご招宴《しょうえん》の席でのこと。スイス生まれのプロテスタントの牧師で、バルトやブルンナーと親交《しんこう》があり、ドイツのマインツにあるヨハネス・グーデンベルク大学教授のウエルナー・コーラ教授が隣《となり》に座られた。

コーラ先生はこっそりと私の耳元で話された。「教祖《おやさま》が安産の許しを与えられ、婦人の出産の苦しみを救いそれから解放された。一方、エホバの神（ヤハウェ）は禁断の木の実を食べたエバに対し、『お前のはらみの苦《くる》しみを大《おお》きなものにする。お前は苦《くる》しんで子を産《う》む』という罪と呪《のろ》いをかけて天国から追放《ついほう》した。しかし天理教の教祖《おやさま》はそのヤハウェの呪いを解き、女性を許し、安産の守護を与え、追放された天国へ再び戻る道を開いてくださったのですね」と。

私は我が耳を疑った。コーラ教授の正直な告白の声を一生忘れないであろう。

仏教の女性観

植木雅俊氏によれば、釈尊《しゃくそん》は女性の悟りを否定せず、蔑視《べっし》しなかった。最高の智慧《ちえ》の完成に男女の区別はなかったと言う（『男性原理と女性原理―仏教は性差別の宗教か？』中外日報社・一九九六年三月二五日　三六―三七頁）。

しかしその後、仏教が上座部《じょうざぶ》や大乗《だいじょう》仏教へと展開するに従い、古いヒンドゥー教の女性観を取り入れ、女性を蔑視し、差別し、忌避《きひ》する教えと変わっていった。

上座部仏教の場合、出家僧は一生独身である。女性とは握手《あくしゅ》をしてもいけないし同室に一緒に居ることも禁止される。家の外でも数メートル以上は近づけない。

女は女のままでは成仏《じょうぶつ》できない。女人五障《にょにんごしょう》と言って、女性は梵天王《ぼんてんおう》・帝釈天《たいしゃくてん》・魔王《まおう》・転輪聖《てんりんじょう》王《おう》や仏になれないので変成男子《へんじょうなんし》と言って、一度男に変身する必要があるという。

これらの女性蔑視や差別は数多くの仏典に書かれている。

神道の女性観

神道の最高神は天照大神《あまてらすおおみかみ》である。女神《めがみ》である。

にも拘《かか》わらず、全国の神宮、大社、神社の神主《かんぬし》はわずかの女性を除いてほとんど男性である。九州の宗像《むなかた》大社は三姉妹の神を三社に祀っている。しかし、神社のある一つの島は女人禁制《にょにんきんせい》である。

大航海時代、西欧人は現地人をどう見て、どうしたか

古傷《ふるきず》をあばくようだが、十五世紀から十七世紀後半の大航海時代、新大陸に上陸したキリスト

教徒は何をしたか。小室直樹氏は次のように言う。
「正解は、罪もない現地人の鏖《みなごろし》！ 大虐殺《だいぎゃくさつ》である。―中略―侵入者たちのほうからすれば、キリスト教の教義《おしえ》に従って異教徒《いきょうと》を殺したまでなので、後《うし》ろめたさなどあろうはずもないのだ。―中略―『未開の地』に上陸したヨーロッパ人は、冒険家《ぼうけんか》も宣教師《せんきょうし》も、罪もない現地人をバリバリ殺した。殺戮《さつりく》につぐ大殺戮である」（『日本人のための宗教原論』徳間書店・二〇〇〇年六月三〇日 二〇―二一頁）と。

ではなぜそんなことをしたのか。何故に異教徒を殲滅《せんめつ》（みなごろし）しなければならなかったのか。

その答えは『旧約聖書』の「ヨシュア記」を読むとわかる（『前掲書』二一頁）と言う。

そこではイスラエルの民は神の約束の地カナンの異民族を皆殺しにせよとある。
「これがジェノサイド（民族鏖《みなごろし》）の事始《ことはじめ》。―中略―異教徒の虐殺《ぎゃくさつ》に次ぐ大虐殺、それは神の命令なのである」と（『前掲書』二二―二三頁）。

このように新大陸を征服《せいふく》したヨーロッパ人（キリスト教徒）は、現地人を大量殺害した。彼らにとって現地人は人間でなくて、動物や野獣《やじゅう》であった。獲物狩《えものか》りのように原住民を殺した。

見るに見かねた良心的な宣教師の告発《こくはつ》を受けて、ローマ教皇パウルス三世は一五三七年、遂に「インディオも人間である」と宣言する。

キリスト教の身体観

先にも述べたが、キリスト教の聖書には二つの正反対の身体観がある。

その一つは、「創世記」に、「『我々《われわれ》にかたどり、我々《われわれ》に似《に》せて、人《ひと》を造《つく》ろう。そして海《うみ》の魚《うお》、空《そら》の鳥《とり》、家畜《かちく》、地《ち》の獣《けもの》、地《ち》を這《は》うものすべてを支配《しはい》させよう』。神《かみ》は御自分《ごじぶん》にかたどって人《ひと》を創造《そうぞう》された」(1―26~27)とある。神のかたち、即ち神の像(Imago《イマゴ》 Dei《ディ》)だから、立派で尊いという見方。もう一つは「コヘレトの言葉」に、「塵《ちり》は元《もと》の大地《だいち》に帰《かえ》り、霊《れい》は与《あた》え主《ぬし》である神《かみ》に帰《かえ》る。なんと空《むな》しいことか、とコヘレトは言《い》う」(12―7~8)とある。

さらに「コヘレトの言葉」(3―19~20)には、「人間《にんげん》に臨《のぞ》むことは動物《どうぶつ》にも臨《のぞ》み、これも死《し》に、あれも死《し》ぬ。同《おな》じ霊《れい》をもっているにすぎず、人間《にんげん》は動物《どうぶつ》に何《なん》らまさるところはない。すべては空《むな》しく、すべてはひとつのところに行《い》く。すべては塵《ちり》から成《な》った。すべては塵《ちり》に返《かえ》る」と書かれている。

中世ではギリシア哲学の影響を受け、肉体は魂《たましい》の牢獄《ろうごく》であり悪の巣であるという見方が拡がった。そして身体は最後の審判《しんぱん》を受けたあとは失われ、魂だけが天国へ行き、身体を持った人間は永遠に地獄で火に焼かれるということになる。

完全な肉体蔑視《べっし》、身体軽視である。ということは、この世を軽視し無視しているということでもある。

極端《きょくたん》な反動、人間中心主義

西欧の十四世紀から十五世紀にイタリアなどで始まったルネッサンスや人本主義《じんぽん》は、キリスト教の人間観や身体観に対する反発と反動であった。それが十七、八世紀には過激化《かげきか》し、人間中心主義や人間万能《ばんのう》主義が出てくるのである。共に現実離れした両極端な身体観、人間観である。

キリスト教の病院

現在の病院（ホスピタル）という名称は、紀元五世紀から始まったキリスト教のホスピスに由《ゆ》来《らい》する。ホスピスは、病人や貧しい人、孤児や老人などを世話する所である。十九世紀になると治療不可能な病人に安らぎを提供する施設を指すようになる。いわゆる終末《しゅうまつ》医療《いりょう》の場である（『岩波キリスト教辞典』・二〇〇二年六月一〇日　一〇三九頁）。

それはそれとして、日本に於いても各地にたくさんのキリスト教が経営する病院がある。キリスト教が病に苦しむ人を救けるために世界各地で活躍していることに対しては敬意《けいい》を表したい。

仏教の身体観

あるお経《きょう》には身体については、例えば、この二本の足を有するもの（人間）は不浄《ふじょう》で悪臭《あくしゅう》を放《はな》ち、種々の汚物《おぶつ》で満ちあふれ、いろいろのところから汚物が漏《も》れているとか、この肉体は倒錯《とうさく》から生じた幻《まぼろし》のようなものである、この肉体は虚空《こくう》のようなものである、とか書いてある。

このように、身体（肉体）を蔑視し、それを持つ人間を、汚い物とか、虚空のようなものと見ている。

故に、肉体の欲望を悪として、その欲望を殺し、克服《こくふく》する厳しい禁欲的な修行が行われる。悟りをひらき、仏の境地《きょうち》になるためには、肉体的なるものを克服しなければならない。

身上かしもの・かりものを百十五歳まで、病まず、死なず、弱らず生き抜けという本教の教えとは正反対である。

・註1……四苦八苦《しくはっく》

生、老、病、死の四苦に、愛別離苦《あいべつりく》、怨憎会苦《おんぞうえく》、求不得苦《ぐふとくく》、五蘊盛苦《ごうんじょうく》を合わせたもの。仏教ではこれら八つの苦しみがあるとされています。八つ目の苦しみである五蘊《うん》（五陰）とは、色（色と形あるもの）、受（感覚などの感受作用《かんじゅさよう》）、想（心に描く表象作用《ひょうしょうさよう》）、行（意志）識（認識）で、それが煩悩《ぼんのう》を生み苦の元となっているとします。

・註2……悪魔の血

世界基督教《キリスト》統一神霊協会（統一教会）の合同結婚とは、堕落《だらく》して、悪魔の血が人間に入り汚《けが》れているので、自称メシア文鮮明師が決めた相手と決まった方法で結婚しないと、血が清められないという教えにもとづく異常な結婚です。なぜなら、互いに愛し合い、みんなに祝福《しゅくふく》された結婚ではないからです。

・註3……諸井慶徳博士

一九一五年奈良県天理市生まれ。東京大学文学部宗教学科卒業。天理教山名大教会長、天理文化研究所（現おやさと研究所）所長、天理大学教授、天理教校校長を歴任。本部准員。日本宗教学会理事。文学博士。著書、論文多数。一九六一年六月出直し。

祭儀と祈りについて

⑰本教のおつとめはキリスト教や仏教の祭儀《さいぎ》に比べて、教義的にはどのように違うのですか。だめの教えのおつとめの比類《ひるい》なき尊さについて教えてください。

宗教には教義と共に、儀礼《ぎれい》（祭儀）がなくてはなりません。教えはあっても、祭儀式のないのは、宗教とは言えません。

どの宗教にも、いろいろな形の祭儀があります。長い歴史を持つ宗教では、その形も文化や時代と共に大きく変わっています。また、宗教によって祭儀の目的も違いますが、神仏の加護《かご》や救《すく》いを祈り、また、それを感謝するのがその主な目的です。

キリスト教の一番重要な祭儀式は、カトリックではミサ（聖体祭儀）、プロテスタントでは聖餐式《せいさんしき》（註1）です。立派な教会堂で、パイプオルガンの演奏のもと、美しくきらびやかな衣服をまとった神父や牧師によって、おごそかに執り行われます。

仏教にも宗派ごとに違いはありますが、同じく荘厳《そうごん》な法要が行われています。主として仏像や菩薩《ぼさつ》像、観音《かんのん》像などが安置《あんち》されている寺で行われますが、中には野外に設けられた祭壇で、護摩《ごま》（註2）を焚《た》くものもあります。

その他の宗教については省略しますが、いずれにせよ祭儀式は、教義と共に、宗教の一番大切な行事で、信仰している神仏に、恵みや加護を祈り願うのです。

お道の祭儀で最も大切なのは、言うまでもなく、おつとめです。ぢば・かんろだいを囲んで執り行われるおつとめは、人間と世界創造の親神さまのご守護の理《り》を今日にたすけ一条の上に現わそうとして教えられた、世界にその例をみないものです。

しかもそれは、教祖《おやさま》自ら長年にわたって教えてくださったものです。一方、キリスト教のミサも、仏教の法要も、後の時代になって弟子たちが作り上げて行ったものです。仏像は釈迦の入滅《にゅうめつ》後、六〇〇年ほど経って、ガンダーラ地方で作られ、それが広まったのです。ミサで歌われている聖歌は、イエスさえも全く知りませんが、おつとめは、教祖《おやさま》じきじきに教えてくださったものです。

人間創造の聖地で行われているということ、また、創造の秘儀《ひぎ》が再演されるというおつとめのありがたさは、他のどの宗教とも比較にはなりません。それは元なる神、実なる神の創造の守護を手ぶりで現わし、それによって、その守護を今にいただくための祭儀です。単に、祈ったり、願ったりする祭儀ではないのです。他の宗教の祭儀とくらべ、装飾《そうしょく》や外観《がいかん》のきらびやかさでは比較にならないぐらい素朴《そぼく》でシンプルですが、よろづたすけという重要さでは、比べものにならないものです。究極《だめ》の教えにふさわしい祭儀です。

おつとめのありがたさとは、まず、生命の初まりの時に戻ることです。不思議な神の働きを再現することで生命がよみがえり、人も世界も自然も活力を取り戻し、生きかえるのです。

おつとめによって、人間の心のほこりが洗い清められ、悪しきいんねんが根絶《こんぜつ》され、心が澄《す》みきり、人間や世界の運命がよりよいものへと転換《てんかん》されていくのです。それがこの世と人間を創られた目的である、陽気ぐらしへの歩みの大きな推進力《すいしんりょく》となっていきます。

おつとめはまた、創られ育てられ、守護されて生かされている喜びを感謝する祭典で、それにより、自然をよみがえらせ、世界を活性化させ、社会を生きかえらせ、豊穣《ほうじょう》、多産《たさん》、繁栄《はんえい》の守護をいただくことになるのです。おつとめを通して創造の目的を、再び心に思い起こすことで、この世と世界の存在の意味と目的を再確認し、さらに人間が同じ親神さまから創られ守られているという、一れつ兄弟姉妹の自覚を高め、互いに扶《たす》け合う、平和な生き方をより確かなものとし、この世に平和をもたらしていく祭典です。

⑱イエス・キリストも病で苦しむ人を癒《いや》しましたし、仏教でも薬師如来《やくしにょらい》や観《かん》音《のん》さまやお地蔵《じぞう》さまも病気を治すようです。本教にはたすけ一条の道として、「つとめ」と「さづけ」がありますが、どのように違うのですか。

祭儀ではありませんが、病たすけを祈るものとして与えられているのが「さづけ」です。これは身上に悩み苦しむ人をたすけるためにいただいた「こうのうの理」です。病に悩み苦しむ人に、何とかたすかっていただきたいと、誠真実《まことしんじつ》の心でおさづけを取り次がせていただくとき、親神さまがめずらしいたすけをくださるのです。

いろいろある苦しみの中で、最も直接的で切実《せつじつ》なのは、病気の苦しみです。他人に代わってもらえない一人ひとりが悩まねばならないつらいことです。肉体的な苦しさを耐えねばならないだけではなく、死の恐怖におののかねばなりません。また病気は、一人ひとりの苦しみだけではなく、家族友人にとっても、本人同様につらいことです。教祖《おやさま》は、「やむほどつらいことハない」と、ご同情くだされて、さづけをくださいました。

イエス・キリストも、不治《ふち》の病に苦しむ人たちを癒《いや》したという物語が聖書に出てきます。しかし、その後キリスト教会は、肉体の癒しより魂《たましい》や霊《れい》の救いを重視し、肉体の方はなおざりにしてきました。祈りによる病気治しを説く分派はありますが、主流はやはり、天国での霊の救いです。病気の救いは無視され、もっぱらそれは医療にゆだねています。仏教では、病に苦しむことは人生にとって当然のことで、それをあきらめて、悟ることが大切なことだとします。もちろん、病気治しの祈禱《きとう》や薬などで、病苦《びょうく》をたすける薬師信仰もありますが、釈迦《しゃか》の教えは、病苦も人生にとっては避《さ》けられないことと悟れということです。肉体の疾病《しっぺい》は、あまり救いの対象となっていません。そこで、さまざまな病気治しの祈禱《きとう》師《し》がその代わりに活躍しました。

おさづけは決して、病気治しだけのものではありません。修理肥《しゅうりこえ》として許された医療では手の施《ほどこ》しようのない、「医者の手余《てあま》り」をたすけてくださるものです。病気を治すのが目的ではなく、おさづけを取り次ぐ前に親神さまの話を聞いてもらい、病の元となっている心を入れ替え、心を浄化《じょうか》するのが本当のたすけです。すなわち、病の根を切ることです。病気の元となる心や魂の救いによって、病気そのものはもちろん、病気の原因を取り去り、末代《まつだい》にわたる救いをいただくのです。手かざしの浄霊《じょうれい》（註３）や呪術《じゅじゅつ》を使う拝《おが》み祈禱《きとう》では、病の根は切れません。

病の根を切るおさづけによって心を浄化し、魂が美しさを取り戻し、運命が転換されるとき、おつとめの守護につながっていきます。おさづけは言わば、おつとめによるたすけの一環《いっかん》であり、それと連《つら》なっていくものです。こうした「つとめ」と「さづけ」をもって、人間世界が究極的にたすけていただけるのです。末代にわたるたすけは、人間世界を創り、何億年と変わることなくご守護くだされ、これからも行く先長く、未来永劫《えいごう》にわたってご守護くださる元の神・実の神によってのみ与えられるのです。なぜなら、前世、現世、来世を見抜き見通してご守護くだされているからです。人間が悟って仏となったり、修業して霊能力《れいのうりょく》がついたという人たちには、末代にわたるたすけはできません。

人間と世界創造の元の神・実の神の果てしない大きな守護をいただくおつとめとさづけは、人類を根本的にたすける大切な祭儀と祈りであり、私たちに与えられた最大の恵みであり宝です。つとめを完成させることが、親神さまの守護をいただくために、一番大切なことです。何億年という遠い昔、初めて生命を創り出された神秘的《しんぴてき》なお働き、それから何億年とかけて、今日まではぐくみ育ててくださった果てしないご守護、そして今もこれからも、行く先長くお守りくださる絶大なご守護をいただくつとめの尊さ、ありがたさ、重要性は、言葉では表現できないぐらい大きいのです。

修理肥として与えられた他宗の教えや祭儀は、過去の文化遺産《いさん》として大切にしてもいいのですが、本当の神さまが教えてくださった、よろづたすけの道であるおつとめに心を合わすことが大切です。

――補足――

キリスト教の聖餐式《せいさんしき》（ミサ）とは

ミサの本質は、最後の晩餐《ばんさん》の再演である。式のあと、イースト菌の入っていないパンをイエスの肉として、ワインをイエスの血としていただく。「わたしたちが神《かみ》を賛美《さんび》する賛美《さんび》の杯《さかずき》は、キリストの血《ち》にあずかることではないか。わたしたちが裂《さ》くパンは、キリストの体《からだ》にあずかることではないか」（「コリントの信徒への手紙一」10―16）。

それは神の子イエス・キリストの血を飲み肉を食べることで、罪のあがないを得て永遠の生命を得るための儀式である。また、イエスの復活《ふっかつ》と再臨《さいりん》を待望《たいぼう》する儀式でもある。イエス・キリストの身体と血を宥《なだ》め、供え物として神に捧げる儀礼である。そのルーツはユダヤ教の過越《すぎこし》の祭（生《い》け贄《にえ》に供える子羊を屠殺《とさつ》し共食《きょうしょく》した）の名残《なごり》である。

本教のおつとめと大自然

本教のおつとめは、大自然の中で勤行《ごんぎょう》される。かんろだいはぢばの地点に据《す》えられ、上には屋根がなく、はるかなる天空と連《つら》なっている。言わば大宇宙の軸《じく》とも言うべきかんろだいを囲んで勤められる。大自然に開かれた場で行われる祭儀である。

このぢばでかぐらづとめの理をいただき、朝日が昇る時に朝づとめが、夕日が西に沈むときに夕づとめが、おぢばと各地の教会で執り行われる。

みかぐらうたの十二下りのおつとめは、正月から十二月までの一年間の自然の運行を象徴《しょうちょう》して行われる。大自然と共鳴《きょうめい》し、連動《れんどう》して親神さまの恵みとご守護を願い感謝する祭儀である（これは私個人の悟りであるが）。

・註1……聖餐式

イエス・キリストの十字架上の犠牲の継続を意味する祭式であり、「最後の晩餐」の再演です。そのルーツは、神に子羊などの生け贄《いにえ》を捧げて、その肉を食べるユダヤ教の過越《すぎこし》の祭や、その他の古代宗教に見られる生け贄を共に食べるという名残りです。イエスの身体と血との交わりを通して十字架の犠牲《ぎせい》（生け贄）の恩恵《おんけい》に預《あず》かろうとするものです。

・註2……護摩《ごま》

密教《みっきょう》の秘法の修行。不動明王《ふどうみょうおう》などを安置し、護摩壇《ごまだん》で護摩木《ごまぎ》を燃やしながら祈禱することです。

・註3……浄霊《じょうれい》

霊を浄めて、病気を治し行う方法です。

救済（たすけ）について

⑲だめの教えのたすけとキリスト教やイスラームや仏教の救済《きゅうさい》との基本的な違いは何ですか。

宗教が他のもの、例えば、哲学や倫理や芸術などと違う点は、人をたすけることを、一番の目的としていることです。宗教の最も大切な働きは救済です。それでは宗教は、一体何をどのようにたすけてくれるのでしょうか。「たすかる」とは、どういうことなのかという点では、宗教ごとに教えが違います。

キリスト教の救いの目的は、罪《つみ》からの救いです。ユダヤ教、キリスト教では、人類の祖であるアダムとエバが、神の命に背《そむ》くという罪を犯したために罪人《つみびと》となり、そのために神とのつながりが切れたとされています。そこでイエスが、その罪をつぐなうために、十字架で刑死《けいし》しましたが、そのイエス・キリストの福音《ふくいん》にあずかり、神と再び和解《わかい》し、最後の審判《しんぱん》（註1）のあと、天国で永遠の幸せを得ることがキリスト教の救いです。洗礼《せんれい》（註2）を受け、ミサに参加し、懺悔《ざんげ》（註3）をして教会の教えに忠実に生きることが、たすかるもとになるのです。

仏教の救いは、釈迦の教えによりますと、この世は苦に満ちた世界とされています。ですから、その苦の原因である煩悩《ぼんのう》（註4）を捨てること、すなわち執着《しゅうちゃく》を捨て去ること、そして輪廻転生《りんねてんしょう》（註5）から解脱《げだつ》し、涅槃《ねはん》の境地《きょうち》に入ることが救いとされています。もちろん、日本に伝わってきた大乗《だいじょう》仏教（註6）の中には、この世で身体をもったまま成仏《じょうぶつ》（註7）し、宇宙の生命と一体化することを教える真言密教《しんごんみっきょう》や、阿弥陀仏《あみだぶつ》（註8）の慈悲《じひ》にすがって極楽浄土《ごくらくじょうど》で成仏《じょうぶつ》することを願う浄土宗《じょうどしゅう》や、座禅《ざぜん》を組んで無や空の境地になることを目指す禅宗《ぜんしゅう》（註9）などもあります。

お道では、人間は罪人ではなく、またこの世は苦界《くかい》ではないと教えられています。親神さまは、人間がこの世で陽気ぐらしをして、みんなが健康で幸せで、人生を楽しく過ごせるようになることを待ち望まれているのです。

しかしこの世の中には、病で苦しみ、不幸に泣く人たちがあとを絶ちません。陽気ぐらしとは程遠い、気の毒な生活をしている人たちがたくさんいます。それらの人たちをたすけてやりたいという親心から、親神さまがこの世に現れられ、よろづたすけの道を教えてくださいました。すなわち、人間は身体をもったままで、この世で天国や極楽と同じ幸せな人生を過ごすことができる道を教えてくださいました。病まず弱らず、定命《じょうみょう》の百十五歳まで長生きし、平和で豊かな人生を送らせてやりたいというのが、親神さまの思召です。

⑳現世利益《げんせりやく》を説く教えは世界の大宗教から見ると、次元《じげん》の低い教えと思われますが、だめの教えではこの点はどのように教えているのでしょうか。

人々が宗教に期待しているのは、さしあたっての身近なたすけと言えるでしょう。病気を治したい、商売や仕事がうまくいき出世したい、子供がいい学校に入り、幸せな結婚をしたいなど、人々の願いをかなえてもらうために、神仏を信仰するのです。

お道は決して、そうした幸福やこの世の幸せだけを説く、現世利益《げんせりやく》の教えではありません。自分を忘れて、人だすけをするという崇高《すうこう》な教えです。また、今さえ良ければ良いというのではなくて、前世、現世、来世へと果てしなく続く、末代のたすけを約束くださっています。究極のたすけ、根本のたすけ、本当のたすかる道を教えられたのです。だからといって、病の苦しみを楽にしてほしいとか、豊作《ほうさく》や豊漁《ほうりょう》にしてほしいとか、商売や仕事がうまくいくようにといった人々の身近な願いを、次元が低いとか低俗《ていぞく》だと言って無視したり、切り捨てたりはしません。親神さまは、「つとめ」と「さづけ」で身上や事情をたすけてくださいます。身上、すなわち身体のたすけと共に、心や魂のたすけによって、病の根を切ってくださいます。現世の苦しみや悩みをたすけてくださると共に、前世、現世、来世にわたる末代《まつだい》のたすけをしてくださるのです。

身上、事情という苦難の中で悩み、苦しむ人をたすけてくださると共に、日々健康で幸せに過ごせるようにご守護くだされます。「谷底《たにそこ》せりあげ」「学者金持ち後廻《あとまわ》し」として、社会の陰に悩み苦しむ人を真っ先にたすけてくださると共に、高山《たかやま》にいる人にも救いの手を差し延《の》べてくださる、人類全体への隔《へだ》てのないたすけです。このようにお道のたすけは、他の教えが説いているさまざまなたすけを、全部一切一つ残らず、お与えくださるよろづたすけなのです。

伝承《でんしょう》の中に、教祖《おやさま》は、あちこちの神や仏にたすけを願ってきた人に対して、「あんた、あっちこっちとえらい遠廻《とおまわ》わりをしておいでたんやなあ」と、おっしゃったとあります。「家内安全、商売繁盛《はんじょう》」や「入学」や「結婚」、その他いろいろなご利益《りやく》があると、宣伝している神社や寺がたくさんあります。しかし本当のたすけは、元の神さま、実の神さまだけがくださるのです。

㉑霊能者《れいのうしゃ》による死霊や怨霊《おんりょう》の祟《たた》りを鎮める呪術《じゅじゅつ》や祈禱《きとう》が昔からあり、今もはやっています。だめの教えからはどのように考えたらいいのですか。

最近、超能力や霊能力を開発するという宗教や、亡霊《ぼうれい》や死霊や怨霊《おんりょう》の祟《たた》りや、憑《つ》きものを払ったり浄《きよ》めたりするとたすかるとか、護摩《ごま》をたいて、憑いたり祟る霊を浄《きよ》めると、幸せになるといったものがあります。こうしたものは、遠い遠い昔からある、古い信仰のリバイバルです。人間の死霊だけではなく、動物、植物の霊や骨董品《こっとうひん》や古い木や石の霊まで恐れた、昔の人たちの信仰の名残です。そんなもので本当に、たすかるはずがありません。そのどれも、病や不幸の根を切り、この世界を立て替える道は教えていません。

教祖《おやさま》ご在世中も、病気を治したり、占《うらな》いや予言をしたり、ご利益を祈るたくさんの祈禱師や山伏《やまぶし》がいました。教祖《おやさま》は、人間に憑いて祟るバケモノや、人間に災難や不幸をもたらす悪霊などは絶対にいないとして、人類を、長く苦しめてきた憑きものや祟るものの恐怖から、解放してくださいました。そして、呪法《じゅほう》や祈禱などは、何の力もなくて、親神さまのご守護によってはじめて、たすかるのだと教えられました。しかし残念なことに、今でも何かあると人々は拝《おが》み祈禱《きとう》に頼っています。テレビなどに登場する霊媒師《れいばいし》などの言葉は、その人の心の迷いから出た言葉なのです。

長い間にわたる魂の歩みであり、心のほこりの集積であるいんねんを根本的にたすけていただかないかぎり、いくら祈禱、行《ぎょう》、手かざしなどをしても、また、ゴマをたいたり、接心《せっしん》（註10）をしたり、霊力や超能力を身につけても、それは本当のたすかりにはなりません。病の根を掘り取り、根底《こんてい》からたすけていただかないと、また身上や事情が出てきます。人間や人類の運命そのものを、根本的にたすけたいとの親心から、親神さまがこの世に現れられ、世界だすけの道を教えてくださいました。この世と人間を創り、何億年もの間、はぐくみ育ててくださった元の神さま・実の神さまによってはじめて、本当のたすけがいただけるのです。しかし何もせず、ただ神頼みをしているだけでは、たすけてはいただけません。たすけていただくためには、私たちも努力しなければなりません。人間が修《しゅ》行《ぎょう》したり、努力して悟《さと》れば、それでたすかるという教えもあります。禅宗の一部がそれです。しかし人間が自分の力で、自分を根本的にたすけることはできません。人間を超えた偉大な力の加護《かご》が必要です。

キリスト教や仏教のある派には、たすかるか、たすからないかは神があらかじめ決めているとか、人間の努力は無力であり、ひたすら帰依《きえ》（註11）するしか、たすかる道はないとして、人間の努力を全く認めないものもあります。

しかしお道では、人間の努力を十分に受け取ってくださいます。三分《ぶ》努力したら神さまは、それに七分の力を貸してくださり、たすけてくださいます。心のほこりの掃除の努力をしていると、親神さまは自ら「ほうき」となって、その掃除《そうじ》をたすけてくださいます。人間の真剣な努力と親神さまの温かいご守護とによって、本当のたすけをいただくことができるのです。お道のたすけの究極《きゅうきょく》の目的は、この世に陽気ぐらしのご守護をいただくことなのです。

――補足――

終末論《しゅうまつろん》の危険性

キリスト教では人類の歴史は天地創造の日から終末《しゅうまつ》の日まで一直線に進む目的論的歴史観を教えている。ところが創造された直ぐ後に堕落《だらく》したので、人類の歴史はその罪を償《あがな》う歴史となる。言わば贖罪《しょくざい》の歴史と言える。従ってこの世での歩みは、最後の審判《しんぱん》で天国へ行くか地獄へ行くか、選ばれる終末の日までの旅の途中の人生である。

いずれにせよ、キリスト教でもイスラームもいつかこの世界は終末を迎えると言う。終末とは破局《はきょく》である。この世が滅《ほろ》ぶということである。この世がなくなってしまうということである。

中世のキリスト教が、エルサレム奪還《だっかん》を目指し幾度となく十字軍を送り残酷《ざんこく》な殺戮《さつりく》を行った（犠牲者《ぎせいしゃ》は百三十二万人とも言われている）。彼らがエルサレムを目指したのはこの世の終末の日を、イエスが昇天《しょうてん》し、そして再臨《さいりん》するエルサレムで迎えたいという願望《がんぼう》からであった。教皇はイスラーム教徒を一人でも多く殺害《さつがい》すれば罪が許され、天国へ行けると宣言したため、イスラーム教徒は大変な目にあったのである。

誤った教えに呪縛《じゅばく》された狂信者は正気《しょうき》を失い、残酷《ざんこく》な殺戮《さつりく》を行う。

最後の審判と終末が、この世の行きつく先だという歴史観は実に暗く絶望的《ぜつぼうてき》な未来観である。ごく一部の人は選ばれて天国へいく。これらの人にとっては希望に満ちた未来観である。しかし選ばれなかった大多数の人は地獄へ落とされ永遠に火で焼かれるという教えは、人類の未来に対し、全く夢も希望もない暗い絶望的な歴史観である。またこの世を粗末《そまつ》にする教えである。

仏教の場合

仏教にはキリスト教のような歴史の出発点となる創造の教えもなく、ある目標に向かって歴史は歩むという教えもない。

いつ頃からか六道輪廻《ろくどうりんね》という教えが作られた。人間は地獄《じごく》界、餓鬼《がき》界、畜生《ちくしょう》界、修羅《しゅら》界、人間界、天上界の六つの世界を果てしなくぐるぐる廻《まわ》る。それは苦しいことなので、この輪廻《りんね》の鎖《くさり》から抜け出すことが解脱《げだつ》であり、そこで初めて涅槃《ねはん》の境地《きょうち》に入ることが出来るとする。

歴史観と言えば、それによく似た末法《まっぽう》思想が日本では平安末期から盛んになった。それは釈迦《しゃか》の教えが良く守られ功徳《くどく》が得られる正法《しょうほう》の時代から、教えは守られているが功徳がない像法《ぞうほう》の時代を経て、釈迦の教えも守られない功徳もない末法の時代となるという。

しかしそれぞれの時代が五百年つづくのか千年つづくのか、また末法の後はどうなるのかについて諸説があり、信じる人と批判する人が出てきた。

鎌倉の高僧たちも二つに分れた。親鸞聖人《しんらんしょうにん》と日蓮聖人《にちれんしょうにん》はこの末法思想を信じた。親鸞はこの末法の時代には宿業《しゅくごう》にまみれた人間がいくら努力しても救《たす》からない。無駄《むだ》である。だから阿《あ》彌陀如来《みだにょらい》の慈悲《じひ》に全面的に頼りきれという絶対他力《たりき》信仰を教えた。

一方、日蓮は、この末法の時代に信奉《しんぽう》すべきは、釈迦の金口《こんく》（直伝）である『妙法蓮華経《みょうほうれんげきょう》』だけである。それ以外の仏典や宗派は間違った教えであると他宗を批判し攻撃を加えた。

ところが曹洞宗《そうとうしゅう》を開いた道元禅師《どうげんぜんし》は、この末法思想を全く無視した。

もともと釈迦が、時代を経《へ》るごとに効力《こうりょく》を失うような教えを説く筈《はず》はない。釈迦の教えは永遠に不変であり不滅《ふめつ》であるはずである。

仏教は、基本的にこの世のことにはあまり関心がない。一切皆苦《いっさいかいく》であり、この世も苦界《くかい》だからどうなろうがどうでもよいことである。

仏教は世界改造《かいぞう》を考えない

浄土真宗《じょうどしんしゅう》の立派なお寺の住職《じゅうしょく》であり、大阪大学の名誉教授であった大村英昭氏は言う。

「仏教は、『禁欲《きんよく》のエートス』とは対照的な、『鎮《しず》めのエートス』にその本領《ほんりょう》があったと見るべきなのです。―中略―めざすは、あくまで自己成仏《じこじょうぶつ》であって、世俗世界の改造といった、いわば人様への過干渉《かかんしょう》は、これを徹底的に断念《だんねん》していると思います」、「仏教教団は、本質的なところで、社会改良主義を捨てた教団なんです」（『死ねない時代―いま、なぜ宗教か』有斐閣　一九九〇年一〇月三〇日　一〇五頁、二二四頁）。この世の立替えや世直し、即ち改革改善《かいかくかいぜん》はしないのが仏教の本質だと言う。

司馬遼太郎氏の見解

国民的作家司馬遼太郎氏は、この仏教の現世蔑視《べっし》、現世否定をずばりと次のように批判している（仏教の奥義の教え・縁起《えんぎ》の教え―世間虚仮《せけんこけ》・唯仏是真《ゆいぶつぜしん》〈世界は空しくただ仏のみ真実〉の教えなどについて）。

「まことに仏教は薄情《はくじょう》です。もっとも仏教におけるこの薄情さが最高のすばらしさでもあります。同時に仏教のもっともつまらないところでもあります。なにしろこんな思想では、現実に懸命《けんめい》に生きようとしている人間に対し、あるいは存亡《そんぼう》の危機《きき》からはいあがろうとする文明に対し、まことに無力になってしまいます。『お前さんたちが自分だとか人類だといっているのは仮の現象にすぎず、文明というものも幻《まぼろし》なんだよ』というだけでは、たとえば、いま世界じゅうが地球を守ろうとしているとき、へのつっぱりにもならないからです」「むろん仏教には、その体系としては第一義的ではない心の動きとして、利他《りた》とか慈悲《じひ》とかの働きはありますが、しかし『わが所有《もの》ではないから、病める人達のために臓器《ぞうき》を役立てたい』という積極的な倫理的強制性《きょうせい》は、ただちに仏教からは出てきません。だから、仏教はどことなくだらしないのです」「そのような、つまり人類の助け合いということは、多分にキリスト教の世界であって、仏教の原理に根ざしたものではないのです」「そんなことをしても解脱《げだつ》（自力門《じりきもん》）もしくは往生《おうじょう》（他力門《たりきもん》）のかんじん要《かなめ》にかかわるということはないのですから。このようにみますと、仏教は思想として改造されないかぎり、手前勝手――つまりミーイズム――な宗教だということになります」（『春灯雑記』朝日新聞社・一九九一年一一月一日　一四頁〜一五、一七頁）。

司馬氏はやさしい言葉の中で仏教のウィークポイント（弱点）を見事に洞察《どうさつ》し、仏教の自己変革を促している。

しかし、この中で司馬氏は、現世での人類救済の世直しについて「多分にキリスト教世界」を想定しているが、キリスト教の教えでは現世《げんせい》ではなく天国へ行ける魂の救済《きゅうさい》である。この世での幸せはあまり意味がないのである。

それに比べ本教の教えはこの世での救いである。それは親神さまの子供である人間を、この世で人類創造の目的である陽気ぐらしの世界へ導き、早くその至福《しふく》の世界で暮らさせたいという誠に親心こもる元の神・実の神直々の教えだからである。

この世に生まれてくることについて仏教では

出産の時、赤ちゃんは大声で泣く。医師の所見はさておき、仏教のように、もしこの世が四苦《しく》八苦《はっく》の世界なら、赤ん坊が泣いて誕生することを、娑婆《しゃば》に生きねばならないと悲しんで泣くと想像する人がいるかもしれない。

本教では、赤ん坊が泣いて誕生するときは、逆に生かされる喜びを感激して泣くのです。生の歓喜《かんき》の叫び声です。まさに正反対です。

神奈川大学の湯田豊教授はドイツの哲学者ニーチェの言葉から、「仏教においても、もちろん〝生まれないこと〟が最善のことである。—中略—〝生まれること〟は、仏教徒にとって最大の苦痛《くつう》である。苦しみから解放されるためには、人はこの世に再生《さいせい》しないことを望まねばならない」という（『ニーチェと仏教』世界聖典刊行協会・一九八七年一〇月一五日　八八頁—八九頁）。

さらにニーチェは、二つの偉大なニヒリズムの運動として仏教とキリスト教を挙げている（『前掲書』一六一頁参照)。

キリスト教の予定説とは

キリスト教では、この世の終わりが来ると、イエス・キリストが再臨《さいりん》し、最後の審判《しんぱん》を行い、全ての人を天国行と地獄行に分別《ぶんべつ》する。私はそれを〝選別救済《せんべつきゅうさい》〟と呼んでいる。

誰が天国へ行けるか地獄に堕《お》ちるかは信者にとっては最大の関心事である。

その中でカルヴィニズムを説いたカルヴァン(スイスの宗教改革者)は、天国行きと地獄行きは、神がその人が生まれる前から予《あらかじ》め決めていると主張した。予定救霊説《よていきゅうれいせつ》である。

これに対し厳しく批判したのがアメリカの宗教社会学者ピーター・バーガーである。彼は、「ほんのわずかな少しの者だけが救われて天国へ行き、その他の大多数が地獄の責苦《せめく》にさいなまれるという教えは、サディズム(嗜虐《しぎゃく》症)の最たるものである」と言う。(抄訳)(Peter L.Berger: The Sacred Canopy; Elements of a Sociological Theory of Religion. Garden City, New York: Doubleday, 1967. P.75)。

キリスト教では、神から選ばれた者だけが天国(神の国)へ行ける。繰り返すが、「ヨハネの黙示録《もくしろく》」には、そこへ行ける者はユダヤ人の十二部族の中から選ばれた十四万四千人だけである（7—4〜8）と書いている。その中には女性も子供もいない。

イスラームの天国

クルアーンには天国について次のように述べられている。

「だが信仰を抱き、かつ善行をなす人々に向っては喜びの音信《たより》を告げ知らしてやるがよいぞ。彼らはやがて潺《せん》々と河水流れる緑園に赴《おもむ》くであろうことを。その（緑園の）果実を日々の糧《かて》として供されるとき彼らは言うことであろう、『これは以前に（地上で）私たちの食べていたものとそっくりでございます』と。それほどによく似たものを食べさせて戴けるうえに、清浄無垢《せいじょうむく》の妻たちをあてがわれ、そこにそうして永遠に住まうであろうぞ」（井筒俊彦訳『コーラン』（上）岩波文庫・一九六五年四月二〇日　一五頁）。ただしイスラームでは翻訳《ほんやく》されたのはクルアーンではないと教えられている。

この世の人生はそこへの途中の旅の道中である。この点ではユダヤ教やキリスト教の教えと同じである。

イスラームの地獄

イスラームでは各宗派によって投げ込まれる地獄《じごく》の種類が違う。

一、ジャハンナム（ゲヘナ地獄）――罪を犯しながら懺悔《ざんげ》をしなかったイスラム教徒が入れられる地獄。

二、ラザー（火炎地獄）――キリスト教徒が入れられる地獄。

三、フタマ（焔の釜地獄）――ユダヤ教徒の地獄。

四、サイール（焔地獄）――サービア教徒（ユダヤ的キリスト教徒）の入る地獄。

五、サカル（業火地獄）――ゾロアスター教徒の地獄。

六、ジャヒーム（火の竈《かまど》地獄）――偶像崇拝者が堕《お》ちる地獄。

七、ハーウィヤ（底なし穴地獄）――偽善者《ぎぜんしゃ》が入れられる地獄。

（ひろさちや『キリスト教とイスラム教』新潮社・一九八八年一一月一五日　七九〜八〇頁）

ユダヤ・キリスト教の地獄とよく似ていて、火で焼かれる所が殆どである。

こんなものは親神さまの懐《ふところ》の中のどこにもない。空想《くうそう》の産物である。

徳川家康は

戦国の乱世を終わらせた徳川家康の戦場で掲《かか》げた旗印《はたじるし》には「厭離穢土《おんりえど》・欣求浄土《ごんぐじょうど》」と書いてあった。簡単に言うと、文字通りこの世は穢《けが》れはてた汚《きたな》い世でありいやな所だ。一日も早く極楽《ごくらく》浄土《じょうど》へ行きたいということである。戦場で兵士がこの世に執着《しゅうちゃく》せず、死を恐れず勇敢《ゆうかん》に戦うよう檄文《げきぶん》を使った。

これは浄土宗の人生観であり世界観であり、多くの他の仏教の現世観そのものである。教祖《おやさま》はご幼少の頃から信仰心が厚く、ご家族が信仰しておられた浄土宗を熱心に信仰され、若くして五重相伝《ごじゅうそうでん》をお受けになった。

ところが親神さまの思召により、三つのいんねんに基づき月日のやしろにお定まりになられてからは、浄土宗の教えとは全く違う、むしろ正反対の教えを説かれた。

明治期の著名な宗教学者・中西牛郎は、教祖《おやさま》の教えの中に仏教（浄土宗）の教えのかけらもないことに驚いている。

空海、親鸞、道元は

仏教でも、真言密教《しんごんみっきょう》では人は身体を捨てなくても生きながらにしてブッダ（仏）となれると弘法大師《こうぼうだいし》空海《くうかい》は説いた。即身成仏《そくしんじょうぶつ》の教えである。

また、我々の身体の内部にブッダが見出せる。そして生きながらにして大日如来《だいにちにょらい》＝太陽神と一体化できると説いた。また凡夫《ぼんぷ》もそのまま仏であると説く本覚門《ほんかくもん》もあり、徹底した現実肯定《げんじつこうてい》の仏教哲学もある。

曹洞宗《そうとうしゅう》の開祖、道元《どうげん》は、浄土がもし存在するとするなら、それは我々の心の中に存在する。この今が大切である。しかし全てが無常《むじょう》であり永遠不変《えいえんふえん》なものはないと説く。

しかし、弘法大師空海にせよ親鸞《しんらん》聖人、道元禅師《ぜんし》にせよ、この今の世をより良いものに立て替え作り直し、この世に極楽世界を創造するという積極的で建設的な教えではない。この世に対してはネガティブであり、虚無《きょむ》的悲観的であり、消極《しょうきょう》的である。創造的な教えは説いていない。

地獄など存在しない

世界の大宗教、例えば仏教、キリスト教、イスラームは皆、死後に行く地獄《じごく》の恐ろしさを説いている。地獄の思想が世界中で猛威《もうい》を振るっている。

結論を先に言えば、全くありもしない地獄の教えに巨大なエネルギーを費《つい》やして人々を騙《だま》し脅《おど》してきた宗教は、それを反省し人々に謝罪《しゃざい》すべきである。今からでも遅くない。人類の幸せに役立つ真の世界宗教として生き残るためには、まずそれから始めるべきである。しかし残念ながらその気配は全く感じられない。

カトリックでは地獄の他に煉獄《れんごく》を教えている

小室直樹氏は、カトリック教会では亡くなった者はすぐに地獄に行かず罪を清める所として煉《れん》獄《ごく》という場所を考えたが、これは賢明《けんめい》な仮説《かせつ》だと言う。なぜなら、洗礼《せんれい》を受けずに死ぬとみな地獄へ墜《お》ちるというのはあまりにも悲惨《ひさん》であり、最後の審判で行く先が最終的に決まるまで煉獄で待機《たいき》するとなると、天国行きの希望を持つことが出来るからである。

ところが、佐藤優《まさる》氏はそれと少し違う見解を次のように述べている。

「カトリック教会では、死んだ後、『天国』にも『地獄』にも行かない者は、『煉獄』にとどまります。地獄に落ちる者はそのまま地獄にすとんと落ちます。それに対し、罪を犯してはいない圧倒的に大多数の者はまず煉獄にとどまります。その煉獄で修練を積んで段階的に天国に行けるようになるわけです」(『サバイバル宗教論』文藝春秋・二〇一四年二月二〇日　二二六頁)。そして修練《しゅうれん》していなかった死者や巡礼《じゅんれい》に行けなかった死者たちが天国へ行けるようにとカトリック教会は贖宥状《しょくゆうじょう》を買うことをすすめました。

マルチン・ルターが批判した贖宥状（免罪符《めんざいふ》）である。本物が一つ天理図書館にある。皮製で二メートル四方もある大きいものです。さぞ高価だったでしょう。しかし地獄で永遠に焼かれることを考えると、いくら高くても買い求めるでしょう。

地獄の脅《おど》しをする宗教は一日も早くその教えを否定し、削除《さくじょ》し、謝罪《しゃざい》してほしい。

セム系宗教の地獄については悪魔辞典《あくまじてん》という本がたくさん出ています。皆人々を脅《おど》すための妄想《もうそう》の産物《さんぶつ》です。罪なことをするものです。

・註1……最後の審判

この世の終わりに、再臨した救世主《きゅうせいしゅ》、イエス・キリストによって人類が裁《さば》かれ、善人は永遠の祝福に、悪人は永久の刑罰《けいばつ》に定められるという思想ですが、親神さまはそんなことをなさるはずがありません。

・註2……洗礼

人を公《おおやけ》にキリスト教徒とみなす儀式で、儀礼的に身を水に浸《ひた》すことにより、古き罪の自己が死に、聖霊《せいれい》を受けて、新たに神の子としてよみがえるとされています。

・註…3…懺悔《ざんげ》
自らの罪を認め悔《く》い改めて、明白に言葉に言い表わし、そのゆるしを求めることです。
・註4……煩悩《ぼんのう》
悟りに至る修行を妨害する、一切の心の作用のことです。
・註5……輪廻転生《りんねてんしょう》
迷いの世界を生まれかわり、死にかわることです。
・註6……大乗仏教《だいじょう》
西暦一、二世紀ころインドに起こり、その後、中国・朝鮮半島・日本などにも伝わった。それ以前にあった部派仏教を「小乗《しょうじょう》」と呼び、自らを「大乗」と称しています。小乗が出家者《しゅっけしゃ》だけの救いを目的としているのに対して、広く一般の人々も救われて仏になれる道を説いています（今日では「小乗」とは言わず「上座部《じょうざぶ》」と言います）。
・註7……成仏《じょうぶつ》
釈迦《しゃか》が悟りを開いたこと、また、各人が正しい教えによって悟りを開いて、仏になることを意味します。また、一般には死ぬことを示します。
・註8……阿弥陀仏《あみだぶつ》
浄土宗の信仰対象となる仏で、極楽浄土《ごくらくじょうど》で法を説き、永遠の救いを与えてくれる仏です。

・註9……極楽浄土

阿弥陀如来が作った十万億土の西方にある仏の国の一つで、全く苦しみのない安楽な、理想の世界のことです。

・註10……接心《せっしん》

心を集中させ統一させることです。また、禅宗《ぜんしゅう》では、一定時期、昼夜を問わず座禅に専念することをいいます。

・註11……帰依《きえ》

神、仏などのすぐれたものに服従《ふくじゅう》し、すがることをいいます。

陽気ぐらしについて

㉒キリスト教ではこの世の終りに救世主が現われて、最後の審判を行い、天国へ行く者と地獄へ落ちる者とに分けますが、だめの教えでは、この世の終りについてどのように教えられていますか。

どの宗教もとはいきませんが、ハイラー（註1）の言う高等宗教には、宗教や信仰が目指す理想の世界についての教えがあります。

ユダヤ教では、神が王さまとなり、世界を支配することが理想の世界と教えられています。キリスト教では、イエス・キリストの再臨《さいりん》と共に、永遠の救いの時が来て、神の国が実現する時が理想の世界と信じられています。

イスラームで教えられている天国とは、信仰して善いことを行う者は、水が豊かに流れる河のある緑の地で、生前に食べていたものと同じ果物を食べ、清浄無垢《せいじょうむく》の妻をあてがわれて、永遠に楽しく過ごせるところ、というように教えられています。エホバの証人（ものみの塔）では、天国では緑が豊かで、食べ物がたっぷりあり、失業の心配がなく、死者は復活し死なず、猛獣《もうじゅう》とも仲良く生きるところ、と言っています。

問題は、そうした天国とか、神の国とか、地上天国が実現する前に、恐ろしいことが起こり、その悲劇をパスしなければならないということです。それはこの世界が終わること、すなわち破滅《はめつ》すること、メシア（救世主）が現れて審判《しんぱん》（裁判）をして一人残らず天国行きと、地獄行きに分けられることなのです。恐ろしい破局《はきょく》とぼう大な犠牲《ぎせい》を払わないと、理想社会は出現しないということなのです。

お道にはこうした世の終わり、破局、審判、選別という教えはありません。この世界は、だんだん良いものに創り替えられていきますから、人々はより幸せになっていき、未来は果てしなく希望に満ちたものとなります。また、選ばれた者だけが天国へ行くのではなく、すべての人がいずれは皆、この世で救われるのです。天国行きとか、地獄行きとかに分けられません。人間可愛い一条の親神さまが、この世界に地獄《じごく》や煉獄《れんごく》といったところ、すなわち人間を罰したり、苦しめるところを創られるはずがありません。私たちは天地抱き合わせの親神さまの懐《ふところ》に抱かれて、生かされているのです。

㉓キリスト教やイスラームの天国、仏教の極楽や浄土と、だめの教えの陽気ぐらし世界とはどのように違うのですか。

仏教では、釈迦はこの人生以外の世界のことについては、もともと「無記《むき》」、つまりノーコメントで何も教えられてはいません。しかし後になって、弟子たちが輪廻《りんね》の教えを作り、セム系の宗教と同じように、地獄や浄土の教えが生まれました。大乗《だいじょう》仏教では、たくさんの仏を崇《あが》めていますが、その仏がそれぞれの浄土を持っています。有名なのが、浄土宗が崇める阿弥陀仏《あみだぶつ》のいる極楽浄土です。一方、地獄の方も八大地獄《はちだいじごく》といってたくさんあり、悪い行いの種類と程度によって、ひどい目にあう程度や種類が違うと教えています。

お道は、浄土や極楽をこの世界につくろうという教えです。この世界は、親神さまが長い年月をかけて、丹精を込めて心を尽くしきり、並々ならぬ苦労をして創り育ててくださった大切な世界ですから、セム系宗教のようにぶち壊《こわ》したり、滅《ほろ》ぼしてしまうというようなことは、想像もできません。また仏教のように、苦界《くかい》だから、この世を厭《いと》い逃避《とうひ》して、あの世をあこがれるというのは、親神さまがせっかく創り、守り、育ててくださったこの世界をないがしろにすることになります。

セム系の宗教にせよ、仏教にせよ、説かれている天国や浄土や極楽は、現実ばなれした空想的で幻想《げんそう》的な世界です。そこに住む人間はもはや普通の人間ではなく、身体を持たない霊的人間といった、言わば幽霊《ゆうれい》のようなものと言えます。また、そこでの生活についての具体的な教えはありません。身体がないから、そんなものはいらないのでしょう。

言い伝えられたものによると、陽気ぐらしは、雨は夜に降って昼は晴天で、農業や漁業など、野外での生産活動に適した天候に恵まれ、子供は平均して男女一人一人で、あとは望むだけ産むことができ、人口も適当にうまく調整され、働くのは午前中だけで、午後はレジャーや趣味に生きられるというように、心と身体とを持つ現実の人間が、幸せに生きる世界のことが具体的に説かれています。そして、陽気ぐらしとは、何にもまして真正《まこと》の平和世界です。一れつ兄弟姉妹として互いにたすけ合い、補《おぎな》い合い、和気あいあいと生きる喜びに満ちあふれ、幸せいっぱいの生活を、この世で楽しむ理想の世界です。

セム系の宗教では、天国は、この世が終わった時に実現しますから、その日まで待たねばなりません。しかも、神の一方的な思いつきで、突然に来るものなのです。お道の陽気ぐらしは、心の成人しだいにだんだん実現されていくものです。それと共に心の持ち方しだいで、今すぐにでも、今のままの状態で実現できるものなのです。じっと最後の審判の日をびくびくしながら待つのではなく、一人ひとりの成人の努力で、積極的に実現していくものなのです。人間の努力が十分に報《むく》いられて、陽気ぐらしの実現のご守護がいただけるのです。

㉔歴史の目標について、他宗教の考え方や人間中心主義の思想などと比較してどのように違うのか、だめの教えの歴史観を教えてください。

歴史の歩みについて、セム系の宗教では、歴史は創造の時から終わりの時まで、すなわち目標に向かって一直線に進むものとしています。それは神による人間救済の歴史ですが、その救済は、人類の罪《つみ》をつぐなう歴史ですので、神の完全な救いを求めてさすらう罪人《つみびと》の歴史です。贖罪《しょくざい》の歴史なのです。

こうした暗い、人間軽視の歴史観に反発した西欧人の中から、人間の力でユートピアを作ろうという思想が現れました。
　十八世紀になると、人間の理性は万能《ばんのう》であり、人間の力だけで理想社会を作るという、人間至上《しじょう》主義や政治万能《ばんのう》主義、科学万能主義などが幅をきかせました。科学的社会主義（共産主義）が人類の希望というのがその代表でした。しかし、ぼう大な犠牲者を出しましたがうまくいかず、人の心も経済も社会もすっかり荒れ果て、その立て直しに苦心しているのです。

　仏教の歴史の見方は、輪廻転生《りんねてんしょう》ですから、始めも終わりもなく、永遠に繰り返すという、永劫回帰《えいごうかいき》の循環史観《じゅんかんしかん》です。それも永遠不変《えいえんふへん》の実態《じったい》のない、現象の生成《せいせい》と消滅《しょうめつ》という考え方です。一部には、歴史を正法《しょうぼう》、像法《ぞうほう》、末法《まっぽう》（註２）と分けるものもありますが、これは主流ではありません。仏教には、未来仏《みらいぶつ》信仰（註３）はありますが、ある目的をもってこの世界を創造し守護する、超越的《ちょうえつてき》な創造神への信仰はありませんから、歴史の目標、すなわち、何を目指して歴史を作っていくかという教えはありません。

　親神さまは人類の歴史に初めて、人間が作り上げていくべき歴史と世界の目標を明らかにしてくださいました。それは、親神さまのご守護と、人間の成人への努力によって創造していく、理想世界である陽気ぐらしという、夢と希望に満ちた目標と、それに向かう歩み方です。

・註1……ハイラー
フリードリヒ・ヨハン・ハイラー（一八九二～一九六七）。ドイツの著名な神学者、宗教学者で、宗教現象学的研究を展開しました。晩年はカトリックとプロテスタント、世界諸宗教の協同のために尽力しました。著書には、『祈り』などがあり、二代真柱さまとも親交がありました。

・註2……末法《まっぽう》
セム系宗教の終末《しゅうまつ》思想に似ていますが、日本では、平安時代に盛んになりました。政党を持つ日蓮宗系の新宗教の中には、末法の時代の本仏は、釈迦ではなく日蓮だと言って、他の仏教徒から批判されましたが、末法とはいつからなのか、またいつまで続くのか、釈迦が果してそんなことを教えたのか、ということについては、疑問だらけであることは先に述べました。

・註3……未来仏《みらいぶつ》信仰
弥勒菩薩《みろくぼさつ》が、五十六億七千万年（五億七千六百万年という別の伝承もある）後に人間界に現れて、人々に説法《せっぽう》するというものですが、その間どうしたらよいか、どんな社会を創ったらよいかという教えはありません。

ぢばと真柱について

㉕世界にはいろいろな聖地がありますが、だめの教えの「ぢば」とはどのように違うのですか。

どの宗教にも、聖地《せいち》や神聖な場所があります。主なものを見てみると、仏教では釈迦《しゃか》が生まれたルンビニー、悟りを開いたブッダガヤー、初めて教え（法）を説いたサールナート、涅槃《ねはん》に入ったクシナガラが、四大聖地とされています。そのうちあと四つが付け加えられて、八つになっています。その他にも、仏教の各宗派には、それぞれ開祖にゆかりのある、土地や場所を聖地としています。

キリスト教では、イエスが生まれたベツレヘムや育ったナザレなどがあり、その中でも十字架にかかり復活したといわれるエルサレムは、一番大切な聖地とされています。

カトリック教会ではローマのサン・ピエトロ大聖堂、東方教会（註1）ではかつての東ローマ帝国の首都コンスタンティノポリス（現在のトルコのイスタンブール）など、各派ごとに聖地があります。

イスラームの聖地は、カーバ神殿のあるメッカが聖地で、毎年全世界から何百万人ものイスラーム教徒が巡礼《じゅんれい》に訪れます。メッカの他にも、ムハマンドが晩年に活躍したメディナや、ユダヤ教、キリスト教の聖地でもあるエルサレムなども聖地として尊ばれています。

お道の聖地は、言うまでもなく「ぢば」です。他の宗教の聖地のように、それぞれの宗祖の生誕地とか、教えを説いた場所とか、亡くなったところといった、宗祖の生涯に関係のある聖地とは根本的に違い、ぢばは、人間創造のとき、最初に人間が宿し込まれた、最も神聖な場所です。人類と人類が住む世界が始められた場所です。人類の生まれ故郷であり、親里です。こうした聖地はもちろん、他にはありません。

ぢばはまた、親神さまがお鎮まりくだされているところであり、天理王命という神名が授けられた聖地です。しかも、そのぢばで教祖《おやさま》は存命のまま、常に一れつ人間のたすけに、お働きくだされているのです。

また、このぢばは、よろづたすけの元である「かぐらづとめ」が勤められるところであり、すべての救いが、そこから発動する聖地です。親神天理王命、教祖、ぢばはその理一つであり、陽気ぐらしへのたすけは、このぢばの理を受けてはじめて成就《じょうじゅ》されるのですから、すべての救済の根源地《こんげんち》です。こんな有難く尊い聖地はどこにもありません。

㉖教団の中心になる方について、カトリックではローマ教皇（法王）がいますが、だめの教えの真柱とはどのように異なるのでしょうか。

ぢばには、人間宿し込みの証拠《しょうこ》として、かんろだいが据《す》えられています。そのかんろだいを囲んで、よろづたすけの道である「かんろだいづとめ」が勤められますが、このつとめの芯となり、親神さま、教祖《おやさま》の教え通りの信仰を、正しく導いてくださるのが真柱様です。

真柱は、教祖《おやさま》がご在世中、早くから定められたものです。

おふでさきに、

しんぢつに神の心のせきこみわ
しんのはしらをはやくいれたい　（三　8）

と、記されています。

「しんのはしら」とは、「人としては全教の中心である真柱様、物としては、本教信仰の中心たるぢばを標示するかんろだい、この両方に掛かっております」（註2）ぢば、かんろだいという信仰の中心と、真柱という全教の中心とが、密接不可分《みっせつふかぶん》に一つになっているところに、お道の有難さがあります。

時が過ぎ、所が変わり、人の心や考え方、生き方も変わっていくと、ともすれば宗祖の教えが以前のものと違うものに変えられていくことが、宗教の歴史によく見られます。もし宗祖の教えを正しく導く立場が宗祖によって定められていたら、そんなことは起こらないでしょう。教祖《おやさま》が早くから真柱を定められたのは、教えを正しく伝え拡めさせたいとの、思召からであったと拝察《はいさつ》できます。

他の宗教にも、教会や教団の中心になる方がおられます。しかしお道の真柱に当たる立場の方はおられません。カトリック教会では初代教皇ペテロ（註3）は、福音書《ふくいんしょ》にある「わたしはあなたに天の国の鍵《かぎ》を授ける」の「あなた」に当たるとして、ペテロはイエス・キリストによって初代教皇に定められたとしています。

それに対し、ロシア正教会（註4）やイギリス国教会（註5）やプロテスタント（註6）は、そのことを認めていません。この「あなた」は、決してペテロ一個人に対して言われたものではなく、教会の代表者としてのペテロに言われたもので、その証拠に、あとでペテロのことを、「サタン、引《ひ》き下がれ。あなたはわたしの邪魔《じゃま》をする者。神のことを思わず、人間のことを思っている」と叱《しか》られています（註7）。プロテスタント側は、この天国への鍵は全使徒、全教会に与えられていると主張しています。

教祖《おやさま》は、早くから真柱を定められたことは、『稿本天理教教祖伝』や『稿本中山眞之亮伝』、おさしづの中に出てきます。慶応元年、おはる様がご懐妊《かいにん》された時、教祖《おやさま》は、「今度、おはるには、前川の父の魂を宿し込んだ。しんばしらの眞之亮《しんのすけ》やで」と仰せられました（註8）。

真柱はこのように、他の宗教の教主のように、教祖《おやさま》が現身《うつしみ》をおかくしになった後で定められたものではなく、親神さま、教祖《おやさま》が定められたものです。「真柱には、真柱として、特別に神の思いがかかっている」「真柱には神が特別に働いている」（註9）と、言えましょう。

真柱の理は、非常に重く尊く、こうした真柱をいただく本教は、本当にありがたいことであり、親神さま、教祖《おやさま》に深く感謝しなければならないと思います。

ぢば、そして真柱は、いずれも私たちが迷うことなく、正しく親神さまの教えに従って信仰できるようにとの親心からの恵みであり、大きなプレゼントなのです。

この真柱様を芯に、世界だすけの道である、かぐらづとめが勤められ、真柱様を通して、ご存命の教祖《おやさま》からいただく、何よりも貴い天の与えである「さづけ」をもって、病に苦しむ人たちをたすけられるし、また同様に真柱様から許される教会名称の理が、国々所々のたすけの拠点《きょてん》となり、陽気ぐらしのモデルとなることができるのです。したがって、ぢばとご存命の教祖《おやさま》の、手となり耳となり口となって、信仰者をお導きくださる真柱様は、私たちの日々の信仰活動や信仰生活の支えであり、かなめです。

何事についても、真柱様を通して、ご存命の教祖《おやさま》のお許しをいただくのです。お道の信仰は、真柱様のお導きに基づいてはじめて、正しく行われます。したがって、真柱様のお許しのないものは、教祖《おやさま》の教えにないものであり、お道の信仰ではないと言えます。ぢば、かんろだい、真柱は、お道の信仰者にとってはもちろん、世界一れつ人間の宝なのです。

―― 補足 ――

ローマ教皇とは

キリスト教では、カトリック教会が、「マタイによる福音書」の、「わたしも言《い》っておく。あなたはペトロ。わたしはこの岩《いわ》の上《うえ》にわたしの教会《きょうかい》を建《た》てる。陰府《よみ》の力《ちから》もこれに対抗《たいこう》できない。わたしはあなたに天《てん》の国《くに》の鍵《かぎ》を授《さず》ける。あなたが地上《ちじょう》でつなぐことは、天上《てんじょう》でもつながれる。あなたが地上《ちじょう》で解《と》くことは、天上《てんじょう》でも解《と》かれる」（16―18～19）という言葉に従い、聖ペトロをイエスの代理人とし、初代（教皇）とした。

それから二七〇人を超える教皇（法王）が今日までつづいてきた。「（筆者註―西暦）八六七年からおよそ一〇〇年間の九六四年までの間に二六人の人物が教皇になっておりますが、そのうち七人が暗殺《あんさつ》されているのです」（秦剛平『名画でたどる聖人たち』青土社・二〇一一年四月一五日　二六二頁）。

立派な教皇がたくさんおられたことは言うまでもない。二代前のヨハネ・パウロ二世が生命を賭《か》けてご尽力《じんりょく》くだされたお陰でソ連が崩壊《ほうかい》し、世界各国で共産支配下で苦しんでいた多くの宗教が息をふきかえした。本教のコンゴの道もその恩恵《おんけい》を受けた。全宗教界はもっと感謝すべきだ。

ヨハネ・パウロ二世はまた、ユダヤ教などに対して過去に犯したカトリック教会の過《あやま》ちを幾度も謝罪《しゃざい》されたという。実に優れた偉大な教皇であった。

その後を継がれた教皇ベネディクト十六世も立派な方であった。本教がドイツのミュンヘン市で布教許可を申請した時、旧称ラッツィガー枢機卿《すうききょう》は当時その地のカトリックのトップであった。枢機卿はミュンヘン地区だけでなく、全ドイツに布教ができるように取りはからってくださった。

カトリックでは、教皇（法王）は神の代理人とされ、聖書と教皇の教えはほぼ同じレベルの権威《けんい》をもっている。

ところが東方正教会（ギリシア正教）、イギリス国教会やプロテスタント各派は一切認めない。カトリック側が主張している根拠《こんきょ》を全て否定している。それどころか、十六世紀プロテスタントがカトリックに反乱を起こした時、教皇の絵には悪魔《あくま》の姿に描かれている。

カトリックは第二バチカン公会議（一九六二―一九六五年）以後、プロテスタント各派に対して「エキュメニカル・ムーブメント（世界教会運動）」を呼びかけるが、プロテスタント側はそれに応じない。

東方正教会（ギリシア正教）も、ローマのバチカン（カトリック）に対立し、独自の道を歩んでいる。

キリスト教内の各宗派の対立は深刻《しんこく》である。同じ神を信じ、同じ宗祖（イエス・キリスト）を信奉し同じ聖書を使いながら、互いに敵のように憎しみ合い戦っているのは理解できない。

カトリック（旧教）とプロテスタント（新教）との戦いで

カトリック（旧教）とプロテスタント（新教）の憎しみ合いと戦いの歴史は、日本人には想像できないくらい激しかった。

ドイツではカトリック教徒とプロテスタント教徒が三十年間も戦い、人口が二分の一に減ったとか。

仏陀《ぶっだ》の後継者はいない

仏教に於いて釈迦《しゃか》の後継者はいない。仏教は大きく上座部《じょうざぶ》仏教と大乗《だいじょう》仏教に分かれるが、そのどちらにも釈迦の正統な後継者はいない。

大乗仏教も密教《みっきょう》も宗派により崇拝の対象が違う。釈迦仏以外に、阿弥陀仏《あみだぶつ》や如来《にょらい》などと、仏《ほとけ》や菩薩《ぼさつ》や仁王《におう》など無数の仏が崇拝されている。

八万四千の法門《ほうもん》があるという。一体どの宗派が、釈迦の教えを正しく信仰しているのか全く分からない。

イスラームのムハンマドの後継者は

イスラーム教の開祖ムハンマドは、教えを正しく伝える立場の後継者を決めておかなかった。従ってイスラーム全体を教え導くリーダーがいない。

「イスラームの宗派は、スンニー派とシーア派に大別される。しかし一応の整理を行えば以下のごとくである。スンニー派には、四つの法学派が現存しているが、その一々に支派がみられる。―中略―シーア派は、主なものとして十二イマーム派、ザイド派、イスマーイール派に分けられるが、イスマーイール派の分派は数多い」（黒田壽郎編『イスラーム辞典』東京堂出版・昭和五十八年三月二十日　一五五頁）。

同じ神、同じ宗祖を信奉しながら、互いに激しく対立し戦っている。ムハンマドもさぞ嘆き悲しんでいることであろう。

・註1……東方教会
キリスト教は九世紀に最初の分裂をし、東方《とうほう》教会と西方《せいほう》教会に分かれました。

・註2……上田嘉成著『おふでさき講義』四九頁参照。
・註3……ペテロ
イエス・キリストの使徒《しと》の一人で、シモン・ペテロ。全てのキリスト教派で聖人《せいじん》とされている。
・註4……ロシア正教会
キリスト教はローマ帝国の分裂《ぶんれつ》で、ローマ・カトリックとギリシア正教に分裂した。ロシア正教会は数多くあるギリシア正教の独立正教会の一つである。
・註5……イギリス国教会
イングランド王国で成立したキリスト教会で、正式にはイングランド教会（英国聖公会《せいこうかい》）と呼ばれる。十六世紀にヘンリー八世の離婚問題が原因でローマのカトリック教会から分裂してできた教会。
・註6……プロテスタント
宗教改革運動により、カトリック教会から分離し、教会の権威より信仰や聖書を重視するキリスト教の教派。カトリック教会（旧教《きゅうきょう》）に対し、新教《しんきょう》とも言う。
・註7……「マタイによる福音書」16―23新共同訳聖書。西南学院大学神学部で牧師の青野太潮博士は、新共同訳聖書には問題点が多いので、採用しないと書いている（『どう読むか、聖書』朝日新聞社・二〇〇二年八月一五日　二五五～二五七）この他にも批判している学者が多い。が、本書では新共同訳聖書を採用した。
・註8……『稿本天理教教祖伝』六六頁、及び『稿本中山眞之亮伝』五頁参照。
・註9……高野友治著『天理教小史』二九七～三〇六頁参照。

自然と環境について

㉗人間と自然の関係について、だめの教えと他宗教との違いを教えてください。

ユダヤ教とキリスト教の「創世記《そうせいき》」によると、この世界と人間は六日間で創造され、神は七日目を休息日としました。日曜日を休むのはそこから来ています。それでは、いつ世界が創造されたかということについては、聖書にははっきりとした年は書いてないので、いろいろな説が作られました。アッシャーという十六世紀から十七世紀のアイルランドの神学者が計算して、世界の創造は紀元前四千四年だと言い、それが一番広く受け入れられています。仏教には、この世界の初まりについての教えはありません。この世界は始めもなく終わりもないとします。というより、釈迦はそれについて何も教えられていません。

お道の元初まりのお話では、この人間と世界は、立教の天保九年十月二十六日より数えて最初に宿し込まれた子数と同数の九億九万九千九百九十九年前に初めて創り出されました。そしてその後、人間が生まれ替わりを繰り返してだんだんと成人していくにつれて、その住む世界環境も次々と形作られていきました。初めから完成されたものとして創造されたのでなく、何億年という長い年月のうちに、だんだんと人間が住むのに適したものに造り上げられていったと教えられています。このように、人間の成人と自然環境の進化と発展は互いに関係し合っています。

キリスト教では、神は人間と自然を創造しますが、自然は人間とは何のつながりもないものであり、人間によって支配されるよう創られたと教えています。それらは人間のために仕《つか》えるという目的のためにあるということです。旧約聖書の「創世記」の天国追放《ついほう》の物語には、人間は神の命に背《そむ》いたため、エデンの園から茨《いばら》とあざみしか生えない荒地《あれち》に追放され、一生働いて死ぬようにとの罰《ばつ》を受けたとあります。そのためアダムとエバの子孫は、厳しく貧しい自然と闘《たたか》って生きねばなりませんでした。

アメリカの科学思想家のリン・ホワイトは「自然は人間に仕える以外になんらの存在理由もないというキリスト教の公理《こうり》が斥《しりぞ》けられるまで、生態学《せいたいがく》上の危機はいっそう深められつづけるであろう」と言っています。「創世記」の「地を従わせよ…支配せよ」という言葉は、それが書かれた当時の自然観や世界観で理解することが必要であり、リン・ホワイトは現在の見方で見ているという人もいます。しかし今日の環境《かんきょう》破壊《はかい》に直面して、キリスト教の中にも、今まで神学のテーマとして無視してきた自然を真剣に考え、自然を支配してきた人間中心の自然観を反省しようとしています。

仏教では、すべてのものに仏の本性《ほんしょう》があるという教えが自然や環境の破壊を守ることになると言っています。一面では確かにそうでしょう。しかし仏教の根本教理からは自然を保護しなければならないという運動を基礎づけ、推進《すいしん》していくものは出てこないのではないかと、ハンブルグ大学のL・シュミット・ハウゼン教授は言います。なぜなら宇井伯壽《はくじゅ》博士の言うように「所謂《いわゆる》自然界などは仏教の考えの中には存しない」からです。自然も環境も一時的に姿形を現しているが、移り変わりゆく幻《まぼろし》のようなものであり、それを実在《じつざい》と考えて執着《しゅうちゃく》してはいけないもの、すなわち虚像《きょぞう》であるとしています。つまり、自然環境を守り、それをどうしなければならないかといったことは、釈迦仏教の教えからはもともと出てこないというわけです。その理由は、この世界がどういう目的で創られ、何のためにあるのかという教えがないからです。この世界をどのようなものに造りかえていかねばならないかという教えがないから、この自然環境をどうしなければという問題も浮び上がってこないのです（註1）。

㉘自然環境の保護は、だめの教えでなければ出来ないと言いますが、どうしてですか。

私たちの教えによれば、人間と世界は陽気ぐらしをするために創造されたのです。したがって私たちには、この世界を陽気ぐらしができるような環境にととのえていかねばならない責任と義務があるということが必然的《ひつぜんてき》に出てきます。この自然は決して支配したり、搾取《さくしゅ》したり破壊《はかい》してはならないのです。なぜならそれが親神さまのからだであり、そのふところだからです。すなわち、天地抱き合わせの親神さまのふところであり、十全の守護をいただいてみんな生かされているところだからです。自然は親神さまの十全の守護が満ちあふれているところです。親神さまは生きるものすべてをそのふところに抱《だ》きかかえ、生きるために必要な自然の恵みをお与えくださっています。

自然に対して人工的に手を加え、住みやすい環境に造りかえたり、また、自然の資源《しげん》を適切《てきせつ》に使うことは神の恵みとして許されています。しかし、とめどなく、無茶な乱開発《らんかいはつ》や、資源やエネルギーの浪費《ろうひ》をして自然を破壊することは、親神さまのからだやふところを壊《こわ》し、汚《けが》し、ついにはご守護やその恵みをいただけなくしてしまうことになります。

自然や環境の破壊を防ぐためには、果てしなくふくらんでいる欲を抑《おさ》え、慎みの生活をすることが必要です。そのためには、この世界は、親神さまが人間に陽気ぐらしをさせるために創られ、その後もずっと長の年限、限りのない親心をもって守護され、これからも行く先長くお守りくださっているという真実を知ること、そして、私たち生きているものはみな、親神さまのからだであり、ふところである自然の中で十全の守護をいただいて生かされているということを知ることです。この真実が本当に心に治まったら、すなわち、それがわかり納得《なっとく》できたら、「慎みが理、慎みが往還《おうかん》」という教えに従い、不便になり生活の水準が少々下がっても、決して不足せず、むしろ神への感謝の生き方ができるのです。それが環境を美しくし、自然破壊《はかい》から守ることになるのです。親神さまの教えどおり生きることが、自然や環境の破壊を守り、感謝と喜びに満ちた幸せな生活を可能にしてくださるのです。

㉙生命の歩みや生きものとの関わりについて。だめの教えと他宗教ではどのように違うのですか。

自然の中の多くの生物と私たちとは、密接《みっせつ》なつながりや深い縁があることが、元初まりの話に教えられています。人間は虫、鳥、蓄類《ちくるい》などと八千八度《はっせんやたび》の生まれ替わりをし、女猿《めざる》から人間が生まれ、成人したとされています。人間と動物とは類縁《るいえん》があるということです。キリスト教では、自然との関係と同じように、人間と動物とは何のつながりもなく、動物は人間が支配するものとしています。

梶山雄一・京都大学名誉教授は、キリスト教では、人間は他の生物とは別に特別に創造されたとしているが、それは、実は人間は母胎《ぼたい》の中で生命の進化のすべての歴史を繰り返しているという、生命の本当の歩みとは矛盾《むじゅん》したことを教えていると指摘《してき》しています。

一方お道では、生命はすべての生物の歴史を経て人間に到《いた》ったとし、生命の本当の歩みを教えています。

仏教には、六道輪廻《ろくどうりんね》の一つに畜生《ちくしょう》というのがあるが、それは苦しい生き方そのものであり、そこからの解脱《げだつ》を解いています。生物の成長については説かれていません。

お道の教えは、この宇宙自然での生命の歩みや生きものとのかかわりについての正しい教えであるだけでなく、自然の中でどう生きるかについて、正しい生き方が教えられている点でも、他の教えと比べようがないほどすぐれた教えです。なぜなら、この世界と自然を創り、それを守護されている元の神・実の神の教えだからです。このだめの教えのありがたさを全世界の人がわかるようになったなら、自然の環境破壊は自ずと抑制《よくせい》され、美しい自然の豊かな恵みが今までどおり十分にお与えいただけるのです。

―― 補足 ――

自然破壊の歴史

ユダヤ教やキリスト教では、神は自然を創造したが、それは人間に支配させるためである。従ってキリスト教が拡がって行くと、その地に古くからあった豊かな森が次々と失われていった。

牧草地《ぼくそうち》になり最後は砂漠《さばく》となった。カルチャー（文化）とは、もともと耕《たがや》されたものという意味である。森林を切り開き、樹木を倒し、牧草地を耕作地《こうさくち》にすることが文明化することだと考えた。

先にも述べたように、天国から追放《ついほう》されたアダムとエバは、茨《いばら》とあざみしか生えていない半砂漠の荒地で必死に働かねばならなかった。焼けつくような太陽でいつ焼け死ぬかわからない砂漠の民にとって、自然は戦わねばならない恐ろしい敵である。そういう所で生まれた宗教にとっては、地上は悪魔《あくま》が支配するところでしかない。聖書で「地上《ちじょう》」という言葉を使うときは、たいてい「罪《つみ》」を意味した。

キリスト教が世界各地に拡がるにつれて、豊かな自然が失われ、その土地土地に古くからある自然崇拝《すうはい》の神々を否定し、滅《ほろぼ》していった。

科学思想家リン・ホワイトは、キリスト教が生態《せいたい》的危機をもたらした元兇《げんきょう》であるという論文（『機械と神―生態学的危機の歴史的根源』）を発表し大きな話題を生んだ。彼によれば、「キリスト教の、とくにその西方的な形式は、世界がこれまで知っているなかでももっとも人間中心的な宗教である」（87頁）とし、「キリスト教は―中略―人と自然の二元論《げんろん》をうちたてただけではなく、人が自分のために自然を搾取《さくしゅ》することが神の意志であると主張した」（88頁）のである。その結果、「二千年近くもの間、キリスト教の伝道師は神聖な森を伐《き》り倒《たお》してきた」(92頁)「いまだんだん進みつつある地球の環境の破壊は、西欧の中世世界に始まる精力的な技術と科学の産物であり―中略―技術と科学の成長は、キリスト教の教義に深く根差す自然にたいする特別な態度というものを度外視《どがいし》しては、歴史的に理解のできないものである」(95頁)とする。そして、「自然は人間に仕《つか》える以外になんらの存在理由もないというキリスト教の公理《こうり》が斥《しりぞ》けられるまで、生態学上の危機《きき》はいっそう深められつづけるであろう」(95頁)と結論づけた(註2)。

確かに、キリスト教徒は深い森には悪魔が住むと教えられ、キリスト教が拡大するにつれて森や林が開拓《かいたく》され(カルチャー)ていった。

十六世紀に日本に伝道に来たキリシタン・バテレンは、お寺や鎮守の森の社を悪魔の巣だとし、キリシタン大名に破壊を命じた。そしてキリシタン大名の支配下では多くの社寺が破壊された。

聖フランチェスコのように自然を愛する聖人も現れたが、それはあくまで例外である。今日のキリスト教は、その過去の誤った自然観に対して反省し、自然を愛した聖フランチェスコを讃えている。誠に結構なことである。

最近、自然や環境の破壊《はかい》が深刻《しんこく》になったので、西欧でも自然を大切にする気運がたかまってきた。ドイツなどの緑の党などがそれである。

またキリスト教は自然を神学研究の対象にしてこなかったことを反省し、自然を神学の研究テーマとする傾向が生まれてきた。大変結構なことであり、その発展に期待したい。

仏典には環境保護を訴える教えはない

宇井伯壽《はくじゅ》博士は「所謂《いわゆる》自然界などは仏教の考の中には存しない」と言う（『仏教汎論　上』岩波書店・昭和二十二年六月十五日　一六三頁）。

兵庫県立大学の岡田真美子名誉教授は、環境宗教学を研究している。昔の仏典にも、環境関連の記述《きじゅつ》はあるかという問に対し次のように答えている。

「直接的に自然環境保護を訴えるような記述はありません」（「毎日新聞」・二〇一二年九月一四日号）。

仏教では、自然も苦しみの世である。

近代文明と環境破壊

産業革命以降、機械文明が急速に発達した。その上、人類はエネルギー源として化石燃料《かせきねんりょう》を使うようになり、自然を破壊している。さらに原子力もエネルギーとして使っている。

二酸化炭素と共にメタンガスが地球の温暖化《おんだんか》を加速させている。地球の温暖化がさらに進むと、永久凍土《とうど》が解《と》け、そこから大量のメタンハイドレードが放出《ほうしゅつ》され、このまま放っておくと、海水の温度が五十度になるという学者がいる。そうなると今から一億五千万年前の地球のように、海と陸の生物の九〇％が死滅《しめつ》するという悲劇が起こるかも知れない。世界の科学者はそうならないようにと様々な研究を行っているし、地球温暖化防止の国際会議もしばしば開催されている。しかし、十分な成果をあげていない。核兵器を使わないでも人類が自滅《じめつ》するかもしれないのである。自分の手で自分の首を絞めていると言える。

二十世紀最大の哲学者フランスのアンリー・ベルクソンは、人類に対し次のように問いかけている。

「人類は今、自らのなしとげた進歩の重圧《じゅうあつ》に半ば打ちひしがれ呻《うめ》いている。しかも、人類の将来が一にかかって人類自身にあることが、充分に自覚されていない。まず、今後とも生き続ける意志があるのかどうか、それを確かめる責任は人類にある」（「道徳と宗教の二つの源泉」―『世界の名著五三』中央公論社・昭和四十四年三月三十一日　五三九頁）。

このようにベルクソンは、人類は清貧《せいひん》の生活を選択《せんたく》し、その方向に生き方を転換しないと人類の未来はないと警告《けいこく》している。

本教は「感謝・慎み・たすけあい」をスローガンとしている。

地球温暖化を防ぎ、人類が末永くこの美しい地球で生きることができるのは、本教が掲《かか》げる生き方を守ることである。それしか他に生き抜く道はない。

私たちは、親神さまのおからだであり、懐《ふところ》であり、しかも全く休むことなくご守護くだされている大自然に対し、いつも畏敬《いけい》の念と感謝の気持ちで生かしていただくことが大切である。

自然を汚《よご》したり破壊すると、親神さまから、地震、津波、乾燥、旱魃《かんばつ》、水害、山崩れ、洪水、豪雨などで、人々の心のほこりを知らせてくださるのである。

感謝と慎みの生き方が自然災害から守られる唯一の鍵である。

・註1……作家の司馬遼太郎氏は、「仏教の無我の教え」「縁起《えんぎ》の教え」「世間虚仮《せけんこけ》、唯《ゆい》仏是真《ぶつぜしん》」の教えは非情《ひじょう》な教えであり、利他《りた》とか慈悲《じひ》という働きはあるが、何々せよとか何々しなければならないという論理的課題や積極的倫理的強制力は仏教から出てこない、と言っています。

・註2……リン・ホワイト著　青木靖三訳『機械と神—生態学的危機の歴史的根源』みすず書房・一九九九年一二月一〇日)。

労働観や社会奉仕について

㉚世界の大宗教では働くということ、労働にあまり価値を認めない面もあるようですが、だめの教えではどうでしょうか。

旧約聖書によると、働くということに対して二つの相反《あいはん》する見方があります。その一つは神・ヤハウェはこの世界を創った偉大な働き手であるから、職業は神から与えられた神聖なものであり、働くことは神への奉仕をすることであるという。その一方で人間は神の命に背《そむ》いたため、天国から茨《いばら》とあざみしか生えない荒地《あれち》へ追放《ついほう》され、そこで死ぬまで汗まみれで働かねばならなくなったという。汗にまみれて働くのは、もともと家畜《かちく》がすることで、人間がそれをすることは神に背《そむ》いた罰《ばつ》だというわけです。ですから労働時間を短くし、遂《つい》には働かなくてもよい天国に住むことを夢見ることになります。

しかしユダヤ教やキリスト教の中でも、特にプロテスタントの信仰、カルヴィニズム（註1）から生まれた、勤勉《きんべん》・節約《せつやく》・正直などの職業の倫理《りんり》が、近世ヨーロッパでの経済活動を飛躍的に向上させ、近代資本主義を生む精神的原動力となったと、マックス・ウェーバー（註2）は言います。

仏教の場合、仏典には働くことの大切さを教えたものはあまりありません。むしろこの世からの逃避《とうひ》を教えているので、小室直樹氏は人がみんな釈迦のように家族を捨てて出家したら、労働力が不足するし、喜捨《きしゃ》（寄附）が仏教教団にだけされたら、資本（資金）不足になる。そしてもし、みんなが釈迦の教えに従えば、国家・家族道徳・経済は崩壊《ほうかい》するのではと言っています（註3）。もっともこれは出家《しゅっけ》している僧侶たちに対しての心配であって、在家《ざいけ》、すなわち職業をもち仕事をしながら信仰する仏教には当てはまりません。禅宗のように日常生活の中で働くことが仏道に生きることだというものもあります。関ケ原の合戦に出た武士でのちに禅の坊さんになった鈴木正三（註4）は、人がそれぞれの仕事や職業に励むことが仏の道を歩むことであると説きました。しかしその一方では、一部の坊さんたちが物を生産せず世間の役に立たないという批判が根強くあり、明治初めの廃《はい》仏毀釈《ぶつきしゃく》（註5）のはるか昔、江戸の初期に岡山藩や水戸藩では領内のお寺をたくさん整理して減らし、農民に喜ばれています。

教祖《おやさま》は、人間というものは働くためにこの世に生まれてきたのやと教えられ、教祖《おやさま》ご自身も、月日のやしろにお定まりくださる前は村一番の働き手でした。

お道では、人間が人間として生きる本当の姿とは働くこととされています。その訳は、私たちは「かしもの・かりもの」の身体をお貸しいただいて生かされ生きているのです。その感謝と喜びの生き方がひのきしんです。ひのきしんは働くというより、働けてありがたい、働かせていただけてうれしいという生き方です。

教祖《おやさま》はまた、働くというのは、はたはた（他の人たち）を楽《らく》にするから働くと言うのやと仰せられ、自分のために働くのではなく人のために働くことの大切さを教えられました。

宗教の中には、祈りや瞑想《めいそう》や修行《しゅぎょう》を最も大切な義務としているのがあります。人里遠く離れた荒涼《こうりょう》とした砂漠《さばく》の修道院や遠い山奥深いお寺で、祈りと瞑想に生涯を捧《ささ》げている立派な修道僧や修行僧もいます。こうした厳しい修行に励む姿は尊い姿です。しかし、それだけでは世界を良くしたり立て替えることにはならないと思われます。

㉛本教の社会奉仕活動について教えてください。

お道では「朝起き・正直・働き」をモットーとして日々暮らすよう教えられています。お道ほど、この世に生かされ生きていることを感謝し、その喜びをもって日常生活の中ではたはたを楽させるために働くことの大切さを教える教えは他にありません。

お道の教信者による対社会的な奉仕活動の歴史は、教祖《おやさま》ご在世中の明治十八年にさかのぼります（註6、7）。それから、橋の修復《しゅうふく》や道路工事などのひのきしんが各地で行われてきました。昭和七年には「全国一斉ひのきしんデー」が定められ、国内や海外でも各種のひのきしんが行われています。昭和四十四年には災害救援ひのきしん隊が作られ、台風や火山噴火や水害などの被災地へひのきしん隊が出て活躍しています。このように古くから天理教といえばひのきしんをする教えとして有名でした。また、お道は古くから各方面で社会福祉活動を行ってきました。もっとも、長い歴史を持ち、世界的規模《きぼ》で活発な社会奉仕活動をしている宗教もあります。しかし歴史が比較的新しい本教の活動分野の広さと多さは際立《きわだ》っています。

こうした社会奉仕や社会福祉の活動は、決して単に社会のニーズに応えるためだとか、隣人愛《りんじんあい》のためということではなく、親神さまが一番急き込まれる世界を立て替え、陽気ぐらしという大きな目標を実現するための、世界だすけの生き方そのものなのです。

親神さま、教祖《おやさま》のみ教えを、生活の場から離れた処ではなく、日常の社会生活の中で実行していく生き方がお道の信仰者の生き方です。それは、その地域での生き方のモデルとなり「なるほどの人」として、人々の心を洗い浄め、成人させることに貢献《こうけん》してきました。多くの人々はお道を信仰している人の姿や態度を通して、教祖《おやさま》の教えの偉大さ立派さを知って入信しました。こうしてお道の信仰者が、「里の仙人」として多くの人の精神性とモラルを高め、人格を向上させ、社会の健全化に大きな貢献をしてきたのでした。しかも、お道の信仰者が多くの分野で、勤勉《きんべん》で正直で清貧《せいひん》に徹した生き方をし、日本の経済発展に大きな貢献をしてきたことはあまりよく知られていません。

ところで、最近、悪霊を清めるとか超能力や霊能力を養うと宣伝する教えが流行しています。それらは人々の悩みや苦しみを和《やわ》らげ、心の重荷を軽くする効果はあるかもしれませんが、憑《つ》いた悪い霊を払うとか清める祈禱《きとう》や行《ぎょう》をいくらしても、不幸の元である根はとれません。病の元であるほこりを払って、心を美しく磨《みが》いたり、いんねんを変えない限り本当に救けていただけません。すなわち、心を成人させ魂を磨《みが》き人格を向上させないと、いくら祈禱してもこの世界は良くなりません。超能力や霊能力を養うといっても、せいぜい動物が持っているのと同じような感を鋭くする程度のことです。末代永遠の努力をし、親神さまのご守護をいただいて、心の浄化《じょうか》と魂の向上を達成しない限り、本当の救いは得られません。心や魂の生まれ替わりと心の成人は、日々の生活の中で教えを身体でもって実行していくことによって少しずつ実現されていくものなのです。

宗教にとって大切なことは、日常生活の中で、病気に苦しみ、仕事や人間関係に疲れ悩む人々と共に生きて、扶《たす》け励《はげ》まし、共に心を成人させ、よりよい世界を造る努力をすることです。それが世界の人すべての幸せのために一番大切なことです。

お祈りをしたり、壮厳《そうごん》なお祭りも大切ですが、それだけで終わっては何にもなりません。教えが社会生活の中で実行されることの方がもっと大切です。こうして日々の行いの中で教えを生かし実践することを一番強調し、人類の心の生まれ替わりと、世界の立て替えによって陽気ぐらし実現を目指す教えであるお道が、だめの教えであり、この世を治める真実の道なのです。

――補　足――

労働観のいろいろ

キリスト教では、アダムとエバが天国から追放された時、「茨《いばら》と薊《あざみ》しか生えない土地で働いて死ね」という罰《ばつ》を与えられた。したがって労働は神の罰である。労働懲罰《ちょうばつ》説と言われるもので、西欧の人たちは出来るだけ労働時間を短くし、早く働かなくてよい年金生活を望む。

それに対し日本人は、世界から働き蜂《ばち》とか労働中毒者（ワーカホリック）などと批判されるほど勤勉であった。

日本の神道の最高神である天照大神《あまてらすおおみかみ》も機《はた》を織っておられた。

本教では、真柱様も田植えをされたり、稲刈りをなされるし、もっこを担《にの》うてひのきしんもされる。

ローマ教皇やロシア正教会の大司祭などがそんな肉体労働をされたと聞いたことはない。

仏教も同じで大僧正《そうじょう》や高僧が肉体的労働をされることはない。

もっとも禅宗などは、日常生活で寺院の中で働くことを行《ぎょう》として行っているが、対社会的奉仕活動はあまりしない。

本教には「災害救援ひのきしん隊」が常設され、災害時にはいつでも出動できるよう訓練をし、待機《たいき》している。そして災害が発生すれば直ちに現地へ直行し、救援活動を行っている（日本のマスコミがそれを一切無視《むし》していることを、アメリカのノースカロライナ大学准教授バーバラ・アンブロスさんが批判している—「天理時報」立教百七十四年八月二十八日号）。

キリスト教にせよ、仏教にせよ、肉体的な労働に全く宗教的な意味や価値を持たせないのはなぜか。それは、肉体蔑視《べっし》、肉体軽視の思想から来ている。それらの宗教では、肉体は魂《たましい》の牢獄《ろうごく》だとか、罪《つみ》の元だとか、悟りの障害と考えているからである。

本教の身体観はそれらと正反対である。身体は親神さまからお借りし、生かしていただいている大切なもの、尊いものであり、それは人様のために使うものである。

もっとも、キリスト教は仏教に比べると、対社会的な奉仕と福祉活動は活発に行っている。カトリック作家曽野綾子さんは寄付を募《つの》り、それを世界各地の貧しい人に奉仕活動をしている修道女や尼僧に自分の手で届けておられる。実に立派なクリスチャンである。

ヨハネ・パウロ二世は、仏教は対社会的活動が少ないと批判され、仏教徒の反発をかった。公平に見て、教皇の発言は正しい。

キリスト教には修道院があり、その中で食糧品やワインなどを作ったりするが、一度入ると死ぬまで外出せず、その中で一生を過ごす。一生涯ひと言も話さないという誓いをするのもある。現世逃避《とうひ》の生き方である。外へ出て奉仕活動はしない。

仏教では、山奥で厳しい修行をして悟りを開こうとする人が多い。これらは世捨《よす》て人の生き方である。

本教では、人々が生きて暮らしているこの世の中で、「里の仙人」になるようにと教えられている。「朝起き・正直・働き」という教えに従って、他人を楽にするために働くことを勧める。日々のひのきしんでもある。

この世を十分に生き、この世を陽気ぐらし世界に立て替え、立て直す、世直しの生き方が、陽気ぐらしという目標に向かう人間本来の生き方である。

・註1……カルヴィニズム
スイス出身の宗教改革の思想家、ジャン・カルヴァンに発する思想のこと。神の絶対と信仰の義認《ぎにん》・予定説を説いた。プロテスタントの中でもカルビニズムは、誰が救われ誰が救われないかは創造の時から決まっているとしたため、地獄に落ちて永遠に火で焼かれないため一生懸命働いた。そして、経済的に成功することが救われる証拠と考えた。

・註2……マックス・ウェーバー
ドイツの社会学者、経済学者（一八六四年～一九二〇年）

・註3……小室直樹著『日本資本主義崩壊の論理』（光文社・一九九二年四月）

・註4……鈴木正三
江戸時代初期の曹洞宗《そうとうしゅう》の僧侶。

「仏教においても、『極楽』のイメージは、蓮《はす》の花の上に静座している姿である」「仏教でも〝極楽〟は労働なき世界」（渡部昇一『かくて歴史は始まる』クレスト社・平成四年二月十日　三二二～三二三頁）

・註5……廃仏毀釈《はいぶつきしゃく》
慶応四年（一八六八）神仏分離令が出されると、儒者《じゅしゃ》や平田派国学者の神官たちの排仏思想が一挙に燃え上がり仏堂・仏像・仏具・経文などの破壊《はかい》・焼却《しょうきゃく》が行われました。

・註6……お道の対社会活動について

小田晋・筑波大学教授は、「日本の大衆運動的な新宗教は、唯一天理教を除いては、社会奉仕活動に非常に怠慢《たいまん》であった」と語っています（『仏教ルネッサンス—宗教の社会化・現代化』『仏教経済研究』第二〇号）。

またカトリックの神父で、日本宗教の研究家ロバート・キサラは、『現代宗教と社会倫理—天理教と立正佼成会の福祉活動を中心に』（青弓社・一九九二年六月二〇日）の中で、天理教が社会に対して極めて積極的に救済活動や福祉活動を行っている、としています。

・註7……明治十八年のひのきしん

大阪の本教信者が淀川堤工事のひのきしんをしました。詳しくは、『諸井慶徳著作集下』「ひのきしん叙説」天理教道友社・三三一～三四頁参照。

本当の教えとは

㉜世界のいろいろな宗教には戒律《かいりつ》やタブーといわれるものがたくさんあります。だめの教えからすると、どうなのでしょうか。

古くから世界中にはたくさんの宗教があります。それらはみな親神さまが人間の心を成人させるためにお与えくだされた修理肥《しゅうりこえ》のようなものです。したがって、どの教えも親神さまの教えの一部であり、その中には立派な教えもあります。しかし一方では、それぞれの時代には必要で大切な教えでしたが、今ではもう時代遅れになっていらなくなってしまっているものもあります。一体どの点が古くて、どういうのが時代遅れなのか、どういう教えが本当の教えで、どういうところが原始的、未開的な性格なのでしょうか。

まず、戒律《かいりつ》や禁忌《きんき》（タブー）をたくさんもっている宗教は古いと言えます。例えば時や方角などについて、中国や日本では昔から、仏滅《ぶつめつ》とか、赤口《しゃっく》などは悪い日としたり、安息《あんそく》日《び》には落ちたものを拾ってもいけないとか、女性がトラ年に生まれると良くないとか、年に関するタブーや、ある方角が良いとか悪いとか、ある場所に近づくと祟《たた》るとかといった土地をタブー視するのがあります。この世を苦界《くかい》や穢土《えど》（汚いけがれた所）として、天国や浄土や極楽とか地獄を教えるのも、言わば人が生きる領域《りょういき》についてのタブーと言えます。また、ある種のものは食べてはならないという食事についてのタブー、そして女性は入れない・参加させない（女人禁制《にょにんきんせい》）というのは性についてのタブーです。あるいは、民族や人種の差別、例えばモルモン教は長らくインディアンや黒人を呪《のろ》われた者として神権者《しんけんしゃ》にしませんでした。ユダヤ教ではユダヤ民族は、神に選ばれた民族としています。こうしたタブーはみな迷信《めいしん》で、長い間人類を束縛《そくばく》し、不幸にしてきました。

教祖《おやさま》は、こうしたすべてのタブーの束縛から人々を解き放ってくださいました。日柄についても教祖《おやさま》は「皆、吉《よ》い日やで。皆の心の勇む日が、一番吉い日やで」とおっしゃり、食物についても喜んで頂けば何を食べてもよいとされ、性についても女松《めまつ》、男松《おまつ》のへだてないとし、人間はみな一れつ兄弟姉妹であるとして人種や民族の偏見《へんけん》や迷信から完全に解放してくださいました。

しかし世界中に、何億という信者があり、何千年という長い歴史をもつ世界宗教と言われているものの中に残念ながらまだ、こうしたタブーをたくさんもち、迷信で人々を縛《しば》っているのがあります。例えば女性には重要な宗教行事をさせないとか、人間に災いをもたらしたり、危害を加えるものとして悪魔とか、サタンや亡霊《ぼうれい》・怨霊《おんりょう》などを持ち出し、それらがこの世の不幸や災いの元兇《げんきょう》だとして恐怖に陥《おとしい》れたり、自分の責任を棚に上げて、すべての災いや不幸をそれらのせいにする宗教や、反対者や敵対者を皆、地獄に堕《お》ちると脅《おど》す宗教がたくさんあります。戦後の日本最大の新宗教と言われ、政党をもつ某学会などは、お互いにけんか相手に対し、一番恐ろしい地獄に落ちるぞとののしり合いをしています。こうした姿は、古い迷信からまだ成人しきれていない姿です。この他にも、現世での目先の幸福や利益、それも自分一人や家族の救いだけを約束する拝《おが》み祈禱《きとう》の教えも古い信仰です。もっと大切な、その人の人格や魂の救いや、現世だけではなく末代《まつだい》の救い、また一人ひとりの救いだけでなく、すべての人間の救いを教えない教えも、古いタイプの未成人の教えと言えます。

教祖《おやさま》は、この世に、人間に憑《つ》いたり祟《たた》ったり災いをもたらす化《ば》け物・幽霊《ゆうれい》・怨霊《おんりょう》などは一切ないとし、一番大切なのは親神さまから人間にだけ与えられた心（意志の自由）の使い方であり、その心の使い方次第で幸福と不幸が決まるのだとし、人間の自主性、主体性を最も尊重する生き方を教えてくださいました。また、この世での差し当たりの幸せだけでなく、前世・現世・来世へと続く末代の幸せと、自分一人や家族の幸せだけでなく、一れつ兄弟姉妹である全人類の幸せへの道を教えてくださいました。

㉝だめの教えでは偶像崇拝《ぐうぞうすうはい》についてどのように考えるのですか。また、科学や医療についてはどうでしょうか。

世界には巨大な建物の中に神や仏の像をまつり、金銀宝石で飾り、華麗《かれい》できらびやかな飾りつけや美しい音楽で人々をひきつけている宗教があります。それは、感覚を刺激することで壮厳《そうごん》さを感じさせて、神仏のありがたさを感じさせていると言えます。お道は、そうした形の上での飾り立てや、偶像崇拝《ぐうぞうすうはい》のようなものは一切ありません。目には見えませんが、日夜ご守護くださる偉大な親神さまのご守護を感謝し、尊《とうと》び、崇《あが》めています。おぢばの神殿と礼拝場は、訪ねてくるすべての人が皆、感心して言うように素朴《そぼく》で、簡潔《かんけつ》で荘《そう》厳《ごん》です。元の神・実の神は、けばけばしい飾りやぜいたくでやたらに凝《こ》った建物などお喜びくださらないと思います。

ところで、宗教の中にはまだ、他宗を敵視《てきし》したり、邪教《じゃきょう》や悪魔《あくま》と決めつけて批判中傷や攻撃をし、敵愾心《てきがいしん》を燃やしては信仰心をかき立てているのがあります。そのことで批判されると今度は、受難《じゅなん》だ法難《ほうなん》だと言って殉教《じゅんきょう》精神をあおる排他的で攻撃的、戦闘的な宗教が、原理主義者とか、セクトとかカルトといわれているものの中にたくさんあります。こうした信仰の態度や姿勢は宗教間の対立抗争を生み、人々を絶え間ない戦いの泥沼《どろぬま》に引きずり込む危険な教えです。人類が過去の苦《にが》い経験からせっかく作り上げてきた、他宗との平和な共存という行き方を逆行《ぎゃっこう》させるものですから、それらの動きに対しては十分注意を払わねばなりません。そして、理性と良識《りょうしき》を取り持って他宗にも心を開いて、寛容《かんよう》な心で共存の道を歩むように忠告する必要があります。お道のように他宗に対して一番開かれた温かい寛容な態度が、これからの宗教の正しいあり方と言えます。

また宗教の中には、科学技術から背を向け、その恩恵《おんけい》を拒否するのもあります。病気になっても一切病院に行かないというものや、輸血はしない（註1）といったものもあります。

お道では、親神さまから仕込んでいただいた知的能力や学問で作り上げた科学技術を、人類の幸せのために善用し、それを陽気ぐらしを実現するのに役立てることが大切なことであると教えられています。科学技術を正しく用い、善用する必要性を説くお道の教えの重要性は、これからの人類社会にとってさらに高まっていくことでしょう。

㉞人類を幸せにする本当の教えとはどのような教えを言うのですか。まとめとして教えてください。

本当の立派な宗教（註2）とは、次のような教えを説いているものです。

まず、この世界や人間を創造し、守護されている偉大なものを崇《あが》め、その教えを素直に守って生きることを教えます。お道は元の神・実の神である親神天理王命に創られ生かされていることを感謝し、その教えを信じ行う教えです。

次に、私たちが生きているこの世界と人間の生に対し与えられている意味と価値を正しく積極的に高く評価し、この世での生を豊かに生き抜き、その可能性を十分発揮《はっき》することを教えます。すなわち、この世界と人間は親神さまの十全のご守護を頂いている、限りなく大切で尊いものであり、宇宙の宝であるとします。絶えず心の成人に努力し、この世での生を全《まっと》うさせ、人間と歴史の完成、すなわち陽気ぐらしを目指す教えです。

一人ひとりの幸せを求めると共に、それだけでなく自分の幸せよりも他人の幸せや、この世界のすべての人の幸せを願い、現世の幸せだけでなく、前世・現世・来世へと続く永遠の幸せのために、身も心も捧《ささ》げるよう教え励ます教えが本当の宗教です。そして人間にとって本性とも本能とも言える自己中心性や、また攻撃性を可能な限り最大限抑《おさ》え、自分や肉親に対してだけでなく、すべての人への同情と共感や思いやりの心を培《つちか》い育て、我が身を忘れて人だすけに励むこと、一れつ兄弟姉妹である世界中のすべての人をたすける世界だすけ、そして末代《まつだい》にわたるたすけのための伏せこみの大切さをお道は最も強調しています。

また本当の宗教は、積極的に社会奉仕活動を行います。お道ではひのきしんの大切さを教え、さまざまな社会奉仕活動を行っています。

次に、教えが日常生活の中で生かされ、一般社会生活の中での倫理《りんり》として実行され、人々の道徳性と精神性を高めていく教えが本当の教えです。立派な教えであっても、それが日々の生活の中で実行されないものや、お寺や神社や教会や僧院《そういん》の内側だけのものであり、普通一般の生活に何の関係もないとか、荘厳《そうごん》な儀式は行っても日々に生きる人たちの精神や生活の糧《かて》にならないのは、本当の宗教の姿ではありません。徹底した人だすけを説き、互いに扶け合って生きることの大切さを教える教えが本当の教えです。ですから、他の教えを撲滅《ぼくめつ》せよとか、他宗の人は悪魔《あくま》の手先であり地獄へ行くなどと言う宗教は古い過去の教えです。お道は、一れつ兄弟姉妹として互いの成人のために扶け合って生きることが教えられています。

また、一人ひとりの心の成熟《せいじゅく》や個性の改善、人格の向上を通じて人類全体の進歩向上を目指す教え、すなわち理想の世界を目指して、果てしなく心の成人、すなわち精神性を高めていくことで、よりよい世界、豊かで平和で幸せな世界実現を目指す教えが本当の宗教です。お道では、出直しても生まれかわって、いつまでも心の成人への努力を行い、それを通して陽気ぐらし実現を目指します。

最後に、本当の教えである最も大切な条件は、創造《そうぞう》の教えがあるかどうかです。世界があり、人間があれば、それがどのような目的で、どのようにして創られたかという教えがないと、本当の教えの条件を十分に満たしているとは言えません。創造の教えがあって初めて、この世界や人間の存在の意味や、人生の目的や、理想として目指す歴史や世界は何かということが明らかに示されるからです。

お道は、本当の宗教の条件をすべて備えた宗教です。だめ（究極）の教えだからです。

――補　足――

だめの教えには偶像崇拝はない

姿形ある美しい物を作り、それを神聖な尊いものとして崇拝することを偶像崇拝《ぐうぞうすうはい》という。ヒンドゥー教や仏教はその代表である。

精神性が高く、心が成熟しないと姿形のない超越的《ちょうえつてき》で絶対の神への信仰はできない。

本教には偶像崇拝は全くない。神殿（礼拝場）の中央には、かんろだいが鎮座《ちんざ》しているが、それ自体は崇拝の対象ではない。ぢばにお鎮まりくださる目に見えない親神天理王命を崇拝するのである。

教祖殿にも、ご肖像《しょうぞう》やお写真など一切お祀りしていない。目に見えないご存命の教祖《おやさま》を礼拝するのである。

祖霊殿にも一切の偶像はない。

姿形が見えず触れられないが、万物を作り育てお守りくださる超越的で内在《ないざい》の絶対の神を崇敬《すうけい》できるのはよほど高い精神の持主であり、心が成熟した人である。

二十世紀のプロテスタント系の最大の神学者カール・バルトの子息で父と同じ神学者の方がおぢばに来られご案内した。博士はまず、神殿に偶像がないことに驚かれた。次に教祖殿に行っても人像もなければお写真もない。日本人は偶像崇拝すると信じ込んでいた博士は困惑し首をかしげて帰られた。

仏像をお祀《まつ》りしていないお寺はない（例外は多少あるが）。奈良の大仏はじめ日本の各地に大仏や巨大な観音像がたくさん立っている。バルト博士が首をかしげられたのも無理はない。

キリスト教の場合

聖書の「イザヤ書」（44―9）には、神は見えないものであり、偶像を作るなと教えている。有名なモーゼの十戒にも、偶像崇拝を厳しく禁じている。

しかし、カトリック教会では、十字架のイエスの他にも聖母マリア像が祀《まつ》られ、絵画や聖人の像がたくさん掲げられている。ロシア正教（ギリシア正教）の教会の中は、まるで美術館かと思うぐらいマリア像や聖人像や飾りで一杯である。

イエスの十字架像で

イエスの十字架像にはいろいろあるが、中には正視に耐《た》えないような残酷なものもある。お顔は苦痛でゆがみ、両手、両足首から血が流れ、あばら骨が浮き出ている。

これは、アーノルド・トインビーが書いている話であるが、イギリスのある家庭に入った中国人のお手伝いさんが情緒不安定になった。その理由を聞くと、家の中の壁に飾っているイエス像があまりにも残酷《ざんこく》なので、お子様に悪い影響を与えないか心配のあまりノイローゼになった、と。

またドイツで、小学校に入学した子どもがどうも様子がおかしいので親が尋ねると、学校の壁にある十字架のイエスの残酷な像を見てショックを受けたのである。そこで親と学校が話し合い、ただのクロスの十字架に取り替えたとか。

これらは偶像崇拝というより呪物《じゅぶつ》信仰と言えよう。

仏教は偶像崇拝の代表

仏教は典型的な偶像崇拝の宗教である。仏教が影響を受けたヒンドゥー教も同様である。

ところが釈迦《しゃか》は仏像のことは一切教えていない。釈迦入滅《にゅうめつ》後五百年経って、ガンダーラ地方で、ギリシア彫刻の影響を受けて初めて作られた。それが各地に拡がり、日本にも朝鮮半島から伝来した。

五重の塔やその他の仏塔の下には釈迦の遺骨《いこつ》＝仏舎利《ぶっしゃり》が収《おさ》められているという。しかし、日本中の塔の仏舎利だけでも恐らく象十頭分ぐらいの分量があるのではないか。

作家の津本陽氏によれば、釈迦の遺骨はインドでは八百四十に分けられたとか。それからさらに細かく分けられ、世界各地の仏塔の基盤《きばん》に収められているのであろう。

イスラームは偶像崇拝を禁じている

イスラームでは偶像崇拝は禁じられている。ムハンマドの顔を描くことも厳しく禁じている。メッカのカーバ神殿の真ん中には、古い聖石《せいせき》信仰の名残である黒い石が置かれているだけである。しかし世界中に礼拝堂はある。巨大で色彩が豊かで、絢爛豪華《けんらんごうか》なのが多い。五百年前トルコでミマール・シナンが作った礼拝堂の内陣などは華美《かび》を極《きわ》め圧倒される。

本教の神殿は極めてシンプルな礼拝場である。

キリスト教の悪魔

キリスト教の神学者たちは、悪魔《あくま》について、神がなぜ神の敵を作ったのか、神が作っていないなら誰が作ったのかという難問に悩まされている。神が神の敵であり神の働きを妨害する悪しき者を作るはずがないからである。

そこでいろいろと苦しい説明をしている。

ユダヤ民族がバビロニア捕囚《ほしゅう》になった時、彼らは我々を守るべき神が守ってくれなかったことに疑問を持ち、当時バビロニアにも伝わっていたゾロアスター教の悪神（アングラ・マイニュ）を悪魔と考えた。それがキリスト教に入ったと言われている。

こうして、ユダヤ教に入ったゾロアスター教の教えが、キリスト教に受け継がれた。

悪魔の思想の他にも、ゾロアスター教の聖典アベスタの中にはキリスト教の処女懐胎《しょじょかいたい》の話や、最後の審判《しんぱん》（総審判）の思想もある。ゾロアスター教がユダヤ教やキリスト教に与えた影響は大変大きい。

聖アウグスチヌスは元々マニ教徒であった。マニ教は、神とサタン、善と悪、霊と物質が戦っているという二元論であった。

キリスト教に改宗した後、彼は神が天地創造する前に悪魔を作られたと考えた。何故作ったかについては何も言っていない。説明できないからだろう。

佐藤優氏は、神が収縮《しゅうしゅく》してできた空白に天使が堕落《だらく》して悪魔になったとも言う。いずれにせよ神学者が一番困る難問である。

問題は、人間が勝手に想像して作った神の敵である悪魔の思想が、多くの人を不幸にしてきたことである。

キリスト教の長い歴史の中で、ユダヤ人が神の敵であり悪魔として迫害されてきた。

また、カトリックとプロテスタントはお互いを神の敵だ、悪魔だとして殺し合った。またイスラームを神の敵だ、悪魔として十字軍などで殺害した。

先にも述べたが、有名な魔女裁判も悪魔の思想が生んだ悲劇である。詳しい解説書がたくさん出ているのでここでは省くが、何の罪のない多くの女性たちが悪魔との関係を疑われ、火刑にされた。

一四八六年に『魔女への鉄槌《てっつい》』という大百科事典が作られ、それが魔女狩《まじょが》りの手引書となり、十六世紀から十七世紀に最高潮に達した。

有名な話はフランスの英雄少女ジャンヌ・ダルクが魔女として処刑されたことである。火刑だけは許してくれと泣いて訴えたが火炙《あぶ》りになった。火刑にされると、最後の審判の時に身体をもって甦《よみがえ》られず、審判を受けられないことを恐れたのである。

魔女裁判は主としてヨーロッパで行われたが、アメリカでも一六九二年にマサチューセッツ州で魔女狩りが行われ、絞首刑に処せられた者十九名、拷問《ごうもん》の結果死に至らしめられた者一名、投《とう》獄《ごく》された者百五十名に及んでいる（安津素彦『日本人の宗教心意』桜楓社・昭和五十七年六月二十五日　一四二～一四三頁）。

ドイツでは最近、魔女裁判で有罪となった人の名誉回復の動きもあるとか。

悪魔の思想の恐ろしさは、悪魔は神の敵だからどんな残酷《ざんこく》な殺し方をしても、どんなにたくさん殺しても神はそれを喜んでくれると思うことである。歴史を振り返れば、その為にどれだけ多くの残虐《ざんぎゃく》非道な殺し合いが行われたことか。悪魔の思想や敵対する者を悪魔視することは、一刻も早くこの地上から消滅《しょうめつ》させねばならない。そうしないといつまでも悲劇が繰り返されるだろう。

この世界から〝悪魔〟の思想を全て徹底的に排除《はいじょ》しよう。

セム系一神教の過去の罪悪と危険な体質

国際日本研究文化センター元所長、山折哲雄氏は、世界宗教は歴史的生命が終わった、耐用《たいよう》年数が来ていると断言《だんげん》する（河合隼雄、加賀乙彦、山折哲雄、合庭惇『宗教を知る・人間を知る』講談社・二〇〇二年三月二六日　二二一〜二二二頁）。なお、山折哲雄氏は『さまよえる日本宗教』の中でもこの点を主張している（中央公論新社・二〇〇四年一一月一〇日　六九〜七一頁）。

セム系一神教がもっている危険性については多くの学者や専門家が、大分前から厳しい警告を発している。

定方晟・元東海大学教授は、ユダヤ教・キリスト教・イスラームを、聖なる憎悪《ぞうお》の宗教と見る。

和光大学名誉教授・岸田秀氏は、世界は今や三つの一神教の闘争という事態になっているとし、次のように言う。

一神教は戦争の神への信仰である。

一神教は中近東の風土病《ふうどびょう》である。

一神教は人類の癌である。

一神教は正義の名のもとに、実に多くの人を殺してきた。

モーゼの五書がパレスチナ問題の根源となっている

旧約聖書の最初の五書（「創世記」から「申命記《しんめいき》」）、いわゆるモーゼの五書については、すでに十二世紀頃から内容に矛盾や重複など問題点の多い文書であると言われてきた。

先に述べたように、秦剛平教授はそれらはユダヤ民族の建国神話であり歴史ではないと言う。しかしユダヤ教の人は決してそれを認めないだろう。もしそう言われたらむしろ激怒《げきど》し、反発するだろう。従って、パレスチナ問題の真の解決は、モーゼの五書の内容がフィクションだと認める日が来るまで永遠に来ないだろう。困ったことである。

パレスチナやエルサレムでは、ユダヤ教、キリスト教、イスラームの三つどもえの抗争《こうそう》が続いている。最近、キリスト教の聖墳墓《せいふんぼ》教会で、同じキリスト教の各派の間で抗争があった。セム系一神教（カトリックを除く）では、各派入り乱れての抗争は、このままだといつまでも続き、和解の日はいつくるか見通しは全く見えない。

マルクス主義は第三のユダヤ教

中国大陸、北朝鮮、インドシナ半島（ベトナム、ラオス、カンボジア）ではもちろん、欧米や日本でもマルクス主義を信奉している人がたくさんいる。

マルクス主義は、ロシア出身の天才的神学者ベルジャーエフを始め、多くの学者によって、第三のユダヤ教だとか、世俗化《せぞくか》したキリスト教だと言われている。従って、キリスト教、イスラーム、マルキシズムの信奉者《しんぽうしゃ》を全部合わせたら、セム系一神教は世界七十三億の人口半分を占めることになる。

養老孟司先生は『バカの壁』の中で、カトリックを除くセム系一神教の信者は、これ以上増えないでほしいと書いておられる。しかし、残念ながら先生の願いは叶えられそうにない。いかに立派な聖典をもち、神学を持っていても、対立する人の生命を虫けらのように殺害する人たちは本当の宗教の信仰者とは言えない。何にもまして人の生命を守り、育て、生かしきるのが本当の宗教である。全世界の宗教が一日も早くそうなってほしいと願う。

学ぶべきことの多いクリスチャンの方々

あえて繰り返すが、キリスト教にも賞賛《しょうさん》すべきことや、学ぶべきことは多い。「敵をも愛せよ」という教えを実行し、生涯貧しい人や苦しんでいる人のために一生を捧げた立派なクリスチャンは数えきれないほどたくさんおられる。

よく知られているのは、熱帯アフリカで五十年も医療でアフリカの人たちをたすけてこられたアルベルト・シュバイツァー博士や、インドの貧しい人を助けるのに生涯を捧げられたマザー・テレサさんなど。

水道も電気もない極貧《ごくひん》の地で、現地の人々のために奉仕している数多くのカトリックの聖職者や尼さんが居られる。頭が下がる思いがする。

キリスト教が生んだ偉大な哲学や思想、美術、芸術は山ほどある。世界各地で学校や病院を建て、社会福祉に大いに貢献している。これらには敬意《けいい》を表し、感謝したい。

本教は画期的な人類解放の教えである

教祖《おやさま》は今まで何千年と続いてきた世界宗教の思想と全く違う新しい世界観、人間観、救済観をお教えくださった。古い間違った信仰のために、どれだけ多くの人たちが生命を失ったり、不幸になったことか。一日も早くこの世治める真実の道が拡がり、世界が幸せになることを願う。

本教の教えはまさに目が覚めるような新しい世界観、人間観、救済観を持つ教えである。

教祖《おやさま》は長く人類を呪縛《じゅばく》していた古い信仰の桎梏《しっこく》から解放《かいほう》し、明るく平和な生き方を教えてくださった。その点で、諸井慶徳博士が仰るように、まさに、画期的かつ斬新《ざんしん》な教えである。従来の古い世界宗教に代わる新しい文明のあり方の開示《かいじ》である。

この御教えは今までの、次のような古い教えの呪縛《じゅばく》から解放してくださったのである。

一つの神以外の神々を認めず、他の神々を悪魔として排斥《はいせき》する排他《はいた》的非寛容《ひかんよう》な教えの誤りを糺《ただ》し、女性を差別し、軽蔑《けいべつ》し、排除《はいじょ》し、男性を優位とし、男尊女卑《だんそんじょひ》する、男権主義の誤った考えを糺し、聖なる領域に於ける完全な男女平等を教えてくださった。暗いペシミスティックな人生観、世界観、歴史観とは正反対の、限りなく未来に開かれた明るい未来像、歴史観を教示してくださった。

地獄への恐れや、すべての悪霊、亡霊《ぼうれい》、怨霊《おんりょう》、悪魔、悪鬼《あっき》などへの恐怖から解放してくださった。

病気や死への恐怖からも解放してくださった。

あらゆる迷信、妄想《もうそう》の桎梏《しっこく》から解放してくださった。

彼岸《ひがん》主義や厭世《えんせい》主義的世界観から、此岸《しがん》主義、希望を持たせる世界観への転換を教示してくださった。

親神《おやさま》さま、教祖への信仰を深め、元の神・実の神への信仰を広めること、生命の起源《きげん》へ遡《さかのぼ》る人間の真の歴史を学ぶこと、これ以外に真正《まこと》の平和への道はない。

ちなみに、『天理教教典』の第十章は「陽気ぐらし」である。陽気ぐらしは真正《まこと》の平和である。真の平和という言葉が七回も出てくる天理教教典は、真正の平和教典である。これこそ世界を救う唯一つの教えである。

・註1……輸血をしない
「エホバの証人」は、一軒々々しらみつぶしのように訪問伝道をするアメリカ生まれのキリスト教系カルトの一つである。ハルマゲドン（最終戦争）が来ると予言し、輸血拒否は有名である。聖書を勉強しませんかと誘うが、独自に翻訳したもので、正統キリスト教からは厳しく批判されている。

・註2……本当の立派な宗教
どの教えでも神は結局同じであり、表現が違うだけだとか、どの宗教もちょっと山へ上る道は違うが頂上はひとつであるように、到達点はひとつだといった万教一致を主張する人もいる。それは、違いがわからないから、そう言うのであろう。

Ⅱ

だめ（究極）の教えの何とありがたいことか！

キリスト教、仏教、イスラームと比べて

はじめて、人類が目ざすべき本当の生き方を教えられた

人類史上はじめて人間と世界を創り、育て守護くだされた元の神・実の神、親なる神が、教祖《おやさま》をやしろにこの世にじきじきにお現れになってだめ（究極）の教えを啓示された。天保九年十月二十六日（西暦一八三八年）の事であった。

創造の親の直接の啓示で明らかにされた人間の本当の生き方とは何か、どのような世界を実現すると教えられたのか。それは親神さまの創造の時の思召である陽気ぐらしである。目指すべき理想の社会とは、人間が心を清め成人し、神の思いを念じて一すじ心に生きる陽気ぐらし世界である。

ここに人類は史上はじめて創りあげていかねばならない世界の理想と目標が与えられたのである。

教祖《おやさま》がじきじきに書かれた聖典が与えられた

キリスト教の聖典は旧約聖書（ユダヤ教の聖典でもある）と新約聖書であるが、それは多くの人が聖霊《せいれい》に導かれて書いたものである、と言われている。たくさんあった中から、教会が何度か会議を開いて、選んで正典と決め、その他を外典とか偽典《ぎてん》とよんでいる。

仏教も、お釈迦《しゃか》様からこのように聞いた、「如是我聞《にょぜがもん》」という書き出しで始まるお経《きょう》がたくさんある。大乗《だいじょう》仏教には三千を超える仏典があり、そのどれが本当の釈迦の教えなのかよくわからない。

イスラームの聖典クルアーンは、ムハンマドが話した言葉を弟子たちが書きしるしたものである。ムハンマドは文字が書けなかった。

お道では神のやしろ、地上の月日である教祖《おやさま》がじきじきお書きくだされた原典《げんてん》、すなわち一七一一首のおふでさきがある。聖典の中の聖典というべきものである。地上の月日である神が、じきじきに書かれた比類《ひるい》のない聖典である。

それも仏典のように難しい漢字ではなく、誰でも読んでよくわかるよう、ひらがなで書かれた。ありがたいことである。

世界の宗教の歴史を見ると、聖書や経典《きょうてん》の成り立ちや、その解釈の違いから異端《いたん》や分派が生じ、血で血を洗う対立抗争を繰り返してきた。その点、だめの教えには教祖直々《おやさまじきじき》の神言の書である原典があることは本当にありがたいことである。

だめの教えの原典には人間的な脚色が全くみられない。それは親神さまの言葉そのものだからである。いわばエッセンス（真髄《しんずい》）そのものを教えられているからである。人間（弟子たち）によって書かれたキリスト教の聖書や仏教の経典には、神様や仏様に対する畏《い》敬《けい》や讃嘆《さんたん》の感情が文学的に表現され、美辞麗句《びじれいく》にみちている。

それに比べてだめの教えの原典は何と素朴でかざりけのない調子で書かれていることだろう。だから原典は人の心に迫り、魂を揺《ゆ》さぶり、圧倒するのである。原典の一言で万巻《ばんかん》の本が作れるほど、深い内容が込められている。それは元の神・実の神の言葉だからである。

だめの教えは神自らの直接の啓示である

キリスト教では鳩が舞い降りるように、聖霊が天からイエスの上に下りて来たと書いてある。神は聖霊を通してイエスに福音《ふくいん》を伝え、イエスを通して神の思いを啓示した。西暦三二五年ニカイア公会議《こうかいぎ》で、三位一体《さんみいったい》の教義（父なる神、子なるイエス、聖霊はそれぞれ三つの位格《いかく》を持つが一である）が作られるまで、イエスは神か人かという議論が続いた。

イスラームのムハンマドは、天使ジェブラーイールの仲介を通してアッラー（神）の啓示を聞き、自分を最後の預言者《よげんしゃ》と言った。アッラー→天使→ムハンマドと神の思召が伝えられた。これは間接的で仲介啓示《ちゅうかいけいじ》である。

親神さまの啓示は親神さまが、御自ら教祖《おやさま》をやしろとしてこの世に現れて、教祖《おやさま》のお口を通してその思召を伝えられた。

この世に顕現《けんげん》された神による直接啓示である。

だめの教えの啓示は人類史上はじめての長期にわたる啓示である

人間と世界を創り出し何億年という長い年月をかけて、育て守護くださってきた親神さまは人間を幸せにしてやりたいとの親心から、この世にじきじき現れられて、お言葉により、筆にしるし、そしてひながた（ご生涯の歩み）をもって、本当の幸せな生を実現するための正しい道を、五十年にわたって教えられた。史上空前《くうぜん》の、かつてなかった長期にわたる啓示である。

ちなみに、イエス・キリストは三十歳過ぎに十字架で亡くなったが、教え（福音）を説いた期間は少なくとも一年、長くて三年ほどであるがよく分からない。仏教経典によれば釈迦は二十九歳で出家《しゅっけ》し、三十五歳で悟りを開き、八十歳で入滅《にゅうめつ》した。ほぼ四十年にわたって説教したとある。

ムハンマドは四十歳の頃、天使ジェブラーイールを通してアッラー（神）の啓示を受け、信仰を拡め、六十二歳までイスラーム教徒を指導した。二十数年間である。

教祖《おやさま》は四十一歳から九十歳まで現身《うつしみ》をもつ神として、地上の月日、月日のやしろとして、口（言葉）で、筆（おふでさき）で、ひながた（聖なる行為）で教えをお説きくだされた。お姿を隠され（現身《うつしみ》を隠され）た後も、おぢばに存命の理をもって、本席飯降伊蔵様を通して二十年にわたって思召を伝えられた。

七十年にわたる啓示は、人類史上、比類《ひるい》ないことである。

キリスト教の偉大さは、このわずかな期間の福音《ふくいん》を信じ、あらゆる迫害《はくがい》や弾圧《だんあつ》の中をイエスをキリスト（救世主《きゅうせいしゅ》）と信じ続け、人類の精神性を高めたことである。今も世界各地の水も電気もない険《けわ》しいところで、生命の危険もかえり見ず、貧しく苦しむ人たちに献身的に奉仕していることである。しかし、過去のキリスト教は他宗の人々に対して大きな過ちを犯した。たとえば、ユダヤ人迫害、十字軍による殺害、新教（プロテスタント）と旧教（カトリック）の戦い、魔女裁判などである。

お道には同じような過ちを犯す排他的《はいたてき》、非寛容《ひかんよう》な教えは全くない。

史上空前の教祖《おやさま》ひながたである

教祖《おやさま》は人をたすけるため、八十歳前後から十七、八回も警察、監獄《かんごく》、留置場《りゅうちじょう》にご苦労くだされた。最後のご苦労は御年八十九歳であった。時は厳寒《げんかん》のさなかであった。吹きさらしのような留置場で十二日間拘留《こうりゅう》された。この年齢の方としては人類史上、前例のない空前絶後《ぜんぜつご》のことである。しかも拘留中、毅然《きぜん》とされつつも、監視をする警吏《けいり》に対しさぞ疲れているだろうと、菓子を買って与えようとされた。凍《こご》え死にしそうな中にいながら、可愛い子供（人間）を喜ばせてやりたい、たすけたい御心を持ち続けられた。世界の歴史のどこにも見られない尊い教祖《おやさま》である。

教祖《おやさま》はいつまでもご存命で世界だすけにかけめぐっておられる

教祖《おやさま》は、人間を早くたすけたい一条から定命を二十五年縮められて、御年九十歳で現身《うつしみ》をお隠しになったが、今もぢばにご存命であり、世界だすけにお働きくだされている。

弘法大師空海《こうぼうだいしくうかい》は、高野山の奥の院で弥勒菩薩《みろくぼさつ》（註1）が下生《げしょう》する五十六億七千万年後まで生きて待っているという。

しかし、これは空海が生前に予言したことではない。空海は次の言葉を残して亡くなっている。「生れ、生れ、生れて、生の始めに暗く、死に、死に、死に、死んで、死の終わりに冥《くら》し」。空海生存説は弟子たちのいつまでも生きていてほしいという強い願いが作った信仰である。その厚い深い信仰心を讃えたい。

教祖《おやさま》ご存命の理については、「おさしづ」で「さあ〱扉《とびら》を開いて〱、一列ろくぢ。さあろくぢに踏み出す」と仰せられている。また可愛い人間を救《たす》けるため、「二十五年先の命を縮《ちぢ》めて、今からたすけするのやで」とか、「二十年以前にかくれた者やで。なれど、日々働いて居る」とおおせられている。

身体という被《おお》いを取りはずし、世界を駆《か》け巡って、人間と世界をたすけるために現身を隠されたのである。世界だすけのための現身の超脱《ちょうだつ》である。

弥勒菩薩の下生を待つ空海の生き通し信仰と、世界一れつをたすけるための、ご存命の理との違いは比較にならない。空海のは、いつまでも生きてほしいという信仰者たちの願いが作りだしたものである。教祖《おやさま》のご存命の理は現身は隠すが、これから世界を駆《か》け巡《めぐ》って世界だすけをしたい、との親神さまの親心の具現《ぐげん》である。

はじめて、人間の本当の親を教えられた

セム系の宗教にも、創造についての教えがある。ちなみに仏教にはない。

しかし教祖《おやさま》の教えほど、具体的に事細かく、人間をどのように創り、生み出し、育ててきたかについて述べられた教えは他にない。

本当の親なればこそ、人間創造や成長の本当のことを明らかにしてくださったのである。真の親でなければわからない、創生《そうせい》と育成の真理が説き明かされたのである。

はじめて、人間はどうして創り出され、どのように成長したかを教えられた

旧約聖書の「創世記《そうせいき》」によると、神は人間と世界のすべてを六日間で創造し、最後の一日は休む日とされたとある。人間は完成されたものとして創造されたのである。しかし、創造の目的については語られていない。

お道の元初まりのお話には、人間を創《つく》り出す目的と意図が明らかにされている。どのような創出の準備をし、どのような段取りで創り出し、どのようにしてだんだんと育て上げてきたか、すなわち生命の歩み、生物としての歩みについても、教えられた。

生命は時の流れと共に成長し、生育していくものである。人間は母親の胎内で十月十日かけて成長する。生まれたばかりの赤ちゃんは歩けないし、話せない。一年ほどしてハイハイ、ヨチヨチ歩きを始め、三歳頃から言葉を話す。そして少年期、青年期を経《へ》て成人となるのである。

釈迦《しゃか》は生まれ出るなり「天上天下唯我独尊《てんじょうてんがゆいがどくそん》」とおっしゃったという。フィクションであ

る。一瞬のうちに完全な人間を創ったとか、一日で成人した人間を創り出したというのはおとぎ話である。

最初に生み出された小さな生命が、そのあとどのようにして、少しずつ生命体として成長していったか、水中（海）の住まいから陸上に住み始め、そして最後に知恵と文字や言葉が与えられ、文明を築いていく。人間に到るまでの発達の歩みを、詳しく教えられたのである。

はじめて、人間はみな同じ親を持つ兄弟姉妹であるという真実を教えられた

旧約聖書では、アダムとエバが人類の親であり、その子孫のノアが生きていた時に洪水でノア一家以外の人間は皆溺《おぼ》れ死んだ。このノアの子供、セム、ハム、ヤペテなどの子孫が人類の子孫であると言ってきた。ヨーロッパ人が、アフリカやアメリカで出会ったアフリカ人やアメリカン・インデアンが果たしてノアの子孫かと疑った。

長い間アフリカ人たちを人類と思わず、奴隷《どれい》として売買し、それにキリスト教宣教師《せんきょうし》も

関係していた。そのことをカトリック教会は今、謝罪《しゃざい》している。

親神さまは、最初から人類の種《しゅ》となるものをすべて宿し込まれた。人間という種そのものが創り出されたと教えられている。従ってヨーロッパ人であろうと、アフリカ人であろうとインデアンであろうとアジア人であろうと、当然のことながら同じ親から生み、育てられた兄弟姉妹である。

宣言《せんげん》したり認知《にんち》したりする必要など全くないのである。人種や民族などの違いは、はるか後から出てきたのであり、創造の初めにおいては、人間の種は皆同じように三日三夜に宿し込まれ、七十五日かかって生み出され、育てられ、成長し、人間となったのである。

はじめて、創造の守護の働きが今も人間を生かしているという真実を明かされた

親神さまが人間を創出《そうしゅつ》されるとき身体のすべての機能《きのう》を創られた。十の神名をつけて身体の内での守護のお働きを教えられた。

人間が生きているのは、親神さまのご守護が身体の中に入り込んでお働きくださってい

るからであり、また人間が生きる自然界の中でも、くまなくご守護くだされているからである。

これほど、具体的に詳しく事細かく身体の中での守護と、自然環境を通しての守護を説き明かされた教えは他にない。

はじめて、世界の初まりは五、六千年前ではなく、何億年も前であると教えられた

アイザック・ニュートンは八十歳まで生き、近代力学《りきがく》を完成させた物理学の巨人である。二十世紀に入って、相対性理論《そうたいせいりろん》や量子《りょうし》力学によってニュートンの理論では説明出来ない現象が極微《きょくび》と極大《きょくだい》の世界で次々と発見され、その限界が明らかにされるまで、この大自然の動きは全てニュートン力学で説明出来ると信じられていた。近代力学の完成者であった。ところが彼は、物理学の研究の他に錬金術《れんきんじゅつ》の研究に没頭《ぼっとう》していた。さらにニュートンは聖書の預言の研究にも熱心に取り組んでいたのである。

天地創造の時はいつかについて、ユダヤ教徒やキリスト教徒は、いろいろ考え、計算し、多くの説がある。その中で一番広く受け入れられたのが、西暦一六五四年にアイルランド

生まれのジェームズ・アッシャー大主教（註2）が、神は紀元前四〇〇四年一月二十三日午前九時にこの世界と人間を創った、という説である。ちなみに東方《とうほう》正教会は紀元前五五〇八年九月説を唱えている。

ニュートンは、敬虔《けいけん》なキリスト教徒ユニテリアン（註3）として、天地創造の日を明らかにしようと、生涯《しょうがい》独身で死にものぐるいで研究した。しかし、結局はわからずじまいであった。無駄に時を浪費しただけである。ニュートンのような天才でも人間であるから、この世の元初《もとはじ》まりはわからないのは当然である。ちょうど子供が自分が生まれた時のことは知らないように、それを知っているのは生み出した親だけである。人類の親だけが知っている。人間にわかるはずがない。

親神さまは、この世人間を創り出したのは何千年という近い昔ではない、九億九万九千九百九十九年という途方もない遠い遠い昔のことであると、はじめて明らかにされた。

ちなみに、お釈迦様はこれについては全くノーコメントであった。
だめの教えが啓示《けいじ》されるまでの修理肥《しゅうりこえ》として与えられた多くの他の教えの宗祖、開祖も、人間と世界の元初まりの真理については何一つ語っていない。語れないのである。

はじめて神中心、人間中心の二つ一つの教えを説かれた

セム系宗教の神は、ユダヤ、キリスト教のヤハウェにせよ、イスラームのアッラーにせよ、あまりにも圧倒的《あっとうてき》で偉大《いだい》な存在であり、それとくらべると人間はあまりにも卑小《ひしょう》なものとなる。旧約聖書の中でアブラハムが神ヤハウェに対し、「私たちは塵《ちり》、灰のようなものですが」と言った言葉に象徴《しょうちょう》されるように、偉大な神に対し、人間は実にとるに足りないものである。人間は神にくらべ、あまりにも軽く、弱小《じゃくしょう》で、惨《みじ》めなものと見られる傾向があった。人間の価値も、尊厳《そんげん》もついつい蔑《ないがし》ろにされることになった。

それに反発したのが、ルネッサンス以後のヨーロッパの人文主義者たちである。人間の理性を重視し、ついには科学の進歩に目がくらみ、人間の力を過信《かしん》し、神をないがしろにして、人間中心主義や人間万能《ばんのう》主義思想を生んだ。両方とも、極端《きょくたん》な考えである。

元カトリックの神父だったある研究者はお道を学び、お道の教えはセム系宗教の神中心

主義でもなく、またそれと対立する人間中心主義でもなく、その両方を兼ね備えているという。

親神さまはセム系宗教の神のように偉大ではあるが、それと共に人間可愛い一条から人間と自然の中に入り込んで守護されている。

人間のもつ価値や意味を十分に尊重され、人間が自らの努力（自力《じりき》）で成人につとめ、神の教えに従う時、神はその努力を受けとめて、足らないところを補い、たすけてくださる（他力《たりき》）。人間を一番大事にし、尊重してくださる神様が親神さまである。

元の神の思召を悟れる心を与えられた

親神さまは人間にだけ知恵の仕込みと文字を与えられた。その知恵と言語能力を持って人間は元の神・実の神の思召を探し求めた。啓示によって明かされた親神さまの思召を悟り、その思召に添う生き方が出来るようにと。そして、人生の目標、社会と歴史の目標を見定めることができるようにとの思召からである。

キリスト教の創世記では、知恵は食べてはならない禁断《きんだん》の木の実であった。

その後神学者は、人間は神から与えられた自然の光である理性を生まれながらにしてもっているという説をとなえたが。

親神さまは人間が与えられた知恵を十分に使うように教えられている。それを十分に使わず、「しやん（思案）」が足りないと、親神さまの思召を十分に悟り取ることが出来なくなるのである。教祖《おやさま》は「しやんたのむで」と仰せられている。思案が足りないと、心が十分に成人できず、陽気ぐらしの実現が遅れるからである。

はじめて、人間完成への道を教えられた

お道の教えほど他の教えに較《くら》べて、人間を大切に思ってくださる教えはない。

まず創り出された目的が、人間が陽気ぐらしをするのを見たいという親心からである。

次に、それから何億年という長い間心を尽くして、育ててくださり、幸せで健康な生活ができるように守護されている。

そして知性と言語という恵みを与えられ、それによって文明を作り、文化を発展させて、

果てしなく心の成人をしていくようにされた。

人間は親神さまから与えられた知性を使って情報量を増やし、情報をグローバル化させ、より良質《りょうしつ》でレベルの高い情報が全世界に平等に行きわたることが可能となる科学技術を発展させた。この科学技術を、親神さまの思召に添う方向に善用することで、心の成熟《せいじゅく》、人格の向上、そして陽気ぐらしへの道を開いていくことが出来る。

これほど人間が健康ですこやかに生を楽しむことを望まれ、その為にお救けくださる神様は他にはない。百十五歳を定命《じょうみょう》とせよと、長寿《ちょうじゅ》を期待される神様も他にはない。

これほど、神から与えられた能力と可能性を十分に生かし、発達させること、すなわち自己実現《じこじつげん》を全うすることを望まれ、ご守護される神様もない。諸井慶徳《よしのり》博士が、「お道は人間完成への教えである」と明言されたが、これほど人間の成人への果てしなき希望と夢にみちた未来への道を教える教えは他にない。

はじめて、心と魂と身体についての真実を明かされた

キリスト教では、身体は神と離れて生きると「死ぬべき身体」となり、罪《つみ》の支配に委《ゆだ》ね

られることになる。自分の身体を、神に喜ばれる生きた聖なる供《そな》えものとして捧《ささ》げられねばならない。そうすれば、終末《しゅうまつ》の時キリストによって新しい身体が与えられ、キリストご自身の栄光《えいこう》のからだと同じかたちに変えられるものとなる。

身体は悪魔《あくま》にかどわかされやすく、罪をつくるものであり、終末のときにはじめて、神によって栄《は》えあるものとされるという。

お道では、身体は親神さまによって創られたのち、長い間手塩《てしお》にかけて育てられ、守られてきた。そして今も、親神さまがその中に入り込んで、十全の（十分かつ完全な）ご守護をくだされ、生かしてくださっているのである。

何億年もの間のご守護の結晶《けっしょう》であり、これほど貴重《きちょう》なものはない。身体を傷つけたり、生命を奪うなどのことは問題外である。それは親神さまの思召に反する最も許されないことである。

この身体と心とは、密接《みっせつ》に結びついているのである。心の遣い方や心の持ち方、あり方によって身体の状態が変わる。心が汚《けが》れいずむと、身体の調子が乱れ、体調をこわし、病むことになる。反対に心が澄みきり、勇むと身体も健康になる。心と身体は不離《ふり》一体《いったい》の密接な関係を持っている。

魂は人格の核《かく》であり、生き通しである。魂が身体をおかりすると心の働きが生まれる。この身体＝生命を、お返しし、出直すと、魂は親神さまの「ふところ」に抱《いだ》かれ、心の働きはとまる。親神さまの「ふところ」に抱かれている魂は生き通しであり、次の新しい身体をおかりしてこの世に生まれ替わったとき、心の働きが始まるのである。

はじめて、男性と女性とは聖俗を問わず平等であると教えられた

世界中に十何億という信者がいるカトリック教会の一番大切な儀式であるミサは、女性は勤められない。独身の男性神父《しんぷ》だけが執り行うことができる。プロテスタントの中には少し女性の牧師《ぼくし》がいるが、きわめて少ない。

信者をどんどん増やし、世界中で十七億の信者がいるイスラームでは、女性は男性と同じ場所では礼拝も出来ない。世界の四大宗教、仏教、ユダヤ教、キリスト教、イスラームは全て男性優位《ゆうい》、男尊女卑《だんそんじょひ》の宗教である。

仏教でも重要な儀式（法要《ほうよう》など）を行うのは男性の僧侶だけである。女性は尼僧《にそう》として仏に仕える。かつては日本にも女人禁制《にょにんきんせい》という場所がたくさんあった。大きな世界宗教は

どれもこれも宗教活動の上で女性を排除《はいじょ》している。それに対して最近批判が高まっている。お道では女松《めまつ》、男松《おまつ》にへだてはないと教えられ、最も神聖で重要なおつとめや、すべての宗教活動に女性は男性と同じように勤める。むしろ本教ほど女性が宗教活動において重要な役割を果たしている教えは他にない。

なぜ女性が宗教の世界で差別され、排除されているのか。全く何の理由もない。人類を長い間縛《しば》ってきた、ばかげた性への偏見《へんけん》や差別感、タブー（禁忌《きんき》）である。教祖《おやさま》は人類の性への差別、偏見、迷信《めいしん》からはじめて解放してくださったのである。

地と天をかたどって夫婦が成り立っているとし、一夫一婦が天然自然のあり方であることが教えられている。そして布教活動やその他の全ての宗教活動を夫婦が力を合わせて行う道をお示しくださった。

キリスト教も仏教もイスラームも、女性は男性と平等の立場で聖なる儀礼を執り行うことはできない。補助役《ほじょやく》は出来るが……。

はじめて、私たちが住む大自然は何かについて教えられた

大自然は、親神さまの「ふところ」であり、宇宙や自然という形で現れている親神さまの「からだ」である。

人間の住む自然である地球もその一つである。それは、旧約聖書の「創世記」にあるように、六日間で創り出されたようなものではない。

何億年もかかって、人間の成長と成人に応じてだんだんと、住みやすい自然環境が形づくられていったのである。

この親神さまの「ふところ」であり「からだ」には、人間が生きるために必要なものがすべて与えられている。自然の現象も、法則も、資源も全て親神さまのご守護である。ありがたいご守護が満ちあふれているところなのである。

人間は親神さまの「ふところ」に抱かれ生かされている。

その「ふところ」や「からだ」を、人間が限りを知らない物欲《ぶつよく》によって傷つけ自然破壊をすることは、親神さまのご守護を頂けなくすることであり、自分の首を絞《し》めることである。親神さまの親心にそむき、悲しませることである。地球温暖化《おんだんか》による洪水《こうずい》、山崩《やまくず》れ、干ばつなどの災害は人間の心得違《こころえちが》いに対する親神さまの「しらせ」であり「ていれ」である。

はじめて、人間の本性は善いということを明らかにされた

キリスト教では、人祖《じんそ》アダムとエバの罪《つみ》（原罪《げんざい》）によって人間は罪に支配されるようになり、それが子から孫へと受けつがれ、人間の力ではどうしようもないと教えている。

教祖《おやさま》は、人間は、本質的に善《よ》きものであると教えられた。子供（人間）可愛い一条の親神さまが、悪いものを創られるはずはないし、悪いままでいつまでも放っておかれるはずがないからである。

しかし心のほこりを積むことで、もともと善いものが、悪くなることもある。心の成人が足らず、成人への努力が不足しているゆえの、悪しきものを、親神さまは身上《みじょう》（病気）や事情（トラブル）などで知らされ、もともとの善いものに戻るよう励まされるのである。

はじめて、運命の転換や人格向上の道を教えられた

人間には持って生まれた性質や癖性分《くせしょうぶん》がある。運命もある。いんねんもある。それは長い間生まれ更《か》わりしてきた間に心に積んだほこりやいんねんが原因となっている。

仏教では、それは人間の力ではどうにもならない宿業《しゅくごう》であるから諦《あきら》めるほかないという。お道では人間がたえず努力することによって、いんねんも納消《なっしょう》され、良いいんねんに転《てん》換《かん》できると教えられている。身辺《しんぺん》に起こる全てのことは、親神さまがたすけてやりたいという親心からのお知らせであると悟り、心の掃除《そうじ》と心の成人に努力するとき、悪い運命はよい運命に転換するし、人格はさらに向上し、精神性も高まって、人間として最も素晴らしい状態に立て替わっていく。人間の完成と運命転換のたしかな道を教えられたのである。

はじめて、教祖《おやさま》がじきじきにおつとめを教えられた

世界のどの宗教にも、それぞれ独自の儀礼《ぎれい》や儀式《ぎしき》があり、お祭りがある。長い伝統を持つ宗教の場合、時間をかけて洗練《せんれん》され、荘厳《そうごん》な雰囲気《ふんいき》をかもし出す、壮麗《そうれい》

で厳粛《げんしゅく》な儀式が行われ、崇高《すうこう》な感情を湧《わ》き上がらせる。

しかしそれらはいずれも宗祖とは無関係に、後の世の信者たちが営々《えいえい》と作り上げていったのである。

イエス・キリストがもしこの世に現れて、世界各地で行われているキリスト教の教会の礼拝や祭儀を見たら、どう思われるだろう。しかも各派ごとに違うのを見られたら。お釈迦さまの場合も同じである。

おつとめは、教祖《おやさま》が御自ら、教えられたものである。これも他に例がない。

他宗と根本的に違うのは、おつとめは、人間と世界の創造の守護を、今もこれからも末代《まつだい》にわたっていただくためのものである。どの宗教にもない、尊くありがたいつとめである。

はじめて、本当の救いとは何か、そのためにどうすればよいかを教えられた

どの教えでも宗教であるかぎり、救《すく》いを目標としている。

仏教の救いは釈迦が教えられた四苦八苦《しくはっく》からの救いである。縁起《えんぎ》（空《くう》）を悟り、煩悩《ぼんのう》からの解脱《げだつ》こそ真の救いであるとする。大乗《だいじょう》仏教には、宗派ごとにそれぞれ違った救いがある。例えば浄土《じょうど》や極楽《ごくらく》に行くこと、この世で成仏《じょうぶつ》し、仏と一体化すること、無の境地《きょうち》になることなどがある。

キリスト教では、イエスをキリスト（救世主《きゅうせいしゅ》）と信じることで神との繋《つな》がりを再び回復し、原罪《げんざい》をつぐない、死後天国で神と共に幸せに生きることである。

イスラームでは教えや戒《いまし》めを守り、アッラー（神）の恵みを受け、死後、天国で生きることである。

その他、救いとは何かについて、宗教の数ほどたくさんの教えが説かれている。

お道では、人間が一人残らずこの世で陽気ぐらしをすることである。親神さまが人間の

陽気ぐらしをするのを見て、一緒にお楽しみくださることである。神と人間、親と子が共に楽しむことである。

はじめて、病の元は何かを教えられた

教祖《おやさま》は「病《やまい》の元は心から」と教えてくださった。

病の元とは単に身体の上の病気の原因だけではない。身体的な病気は細菌《さいきん》やウイルスや遺伝子《いでんし》の異変《いへん》などによって起こる。しかしその場合も体内に自然治癒力《ちゆりょく》や免疫力《めんえきりょく》があれば、発病しないケースも多い。その免疫力は心の持ち方が大きく作用する。ストレスによって起こる病気や心因性《しんいんせい》の病について心身医学《しんしんいがく》が明らかにしている。外傷《がいしょう》による病の場合には、そういう外傷をなぜ他の人でなく自分が受けなければならないのかという、心のほこりやいんねんの問題がからんでいることを悟らねばならない。

病の治療について言えば、最近では医師は皆、心の働きが病気を治すのに大きく作用すると言っている。病を治《なお》すための心の持ち方の影響の大きさは今や常識となっている。免疫力や自然治癒力の大切さは科学的に証明されている。

病の予防に対しても、心が持っている大きな働きについては誰でも知っていることである。病原菌《びょうげんきん》やウイルスに強い抵抗力《ていこうりょく》や免疫力を持つ健康な身体をつくるためには、心の働きがもっとも大きく左右すると言われている。いつも前向きに、プラス思考で積極的に明るく陽気な心で生きることが、病気の予防と治癒《ちゆ》のために一番大切なことである。いつも感謝の気持ちで生きることが健康の秘訣《ひけつ》である。

病は親神さまからの「しらせ」であり、「ていれ」である。

お道では、病を通して心のほこりや魂のいんねんを、親神さまがお知らせくださっていると悟るよう教えられている。心の汚《よご》れやけがれを洗い清めるために親神さまから与えられた警告《けいこく》として受け取り、反省し、教えられた通りの心遣いをして生きていくとき、どんな病気にも強い身体をご守護いただけるのである。

病の元は心からとは、健康に生きるための心の正しいあり方、持ち方、遣《つか》い方を教えられたと言える。

教祖《おやさま》ご在世当時は、多くの人は病とは悪しき霊のたたりであるとか、憑《つ》きものがついているからだとか、また悪い神の罰《ばつ》のせいであると信じていた。それに対して教祖《おやさま》は、一人ひとりが自由に使ってよいと許された心の遣い方の誤りのせいであり、一人ひとりの自主的で主体的な心の遣い方にその原因があると教えられた。全く今までにない、目の覚《さ》めるような新しい病の元についての真理を説き明かされた。

それが、今ようやく人々はその正しさが分かるようになってきているのである。

はじめて、死とは何かについて本当のことを教えられた

誰にとっても死ぬことは悲しいことである。しかし生きものとしては死ぬことはどうにもならない定めである。

教祖《おやさま》は死ぬということは出直《でなお》しであると教えられた。この世に生まれ替わってくる、その出発点であると教えられた。死ぬとお借りしている身体は親神さまにお返しするが、魂は生き通しであり、また新しい身体をお借りしてこの世に生まれ替わってくるのである。

聖書の「創世記」によれば、神に背《そむ》いた人間に神から罰《ばつ》が与えられた。その一つが死ぬということである。キリスト教では死は神が与えた罰である。人間は苦しんで死なねばな

らない運命を担《にな》うものであるという。

お道では死は出直しであり、それはむしろご守護の一つである。

はじめて、死後の本当のことを教えられた

死んだらどうなるか、ということについてどの宗教もいろいろと教えている。

中にはこの世の幸せよりも、あの世での幸せや不幸な運命の恐ろしさを説き、この世のことを蔑《ないがし》ろにしているものもある。

天国での幸せ、極楽浄土《ごくらくじょうど》での幸せを願い、この世の幸せを軽視《けいし》したり無視《むし》するものもある。

一方では、地獄《じごく》へ落ちるぞと恐怖心《きょうふしん》をあおるのもある。

ある信者が、聖フランシスコ・ザビエルに聞いた。「イエス・キリスト様を知らず、洗礼《せんれい》を受けずに死んだ父母や祖父母も地獄へ行ったのですか」と。「そうだ」と答えると、その

信者は、「ああ可愛そうだ」と泣き崩れたという。聖フランシスコ・ザビエルも答えに困ったのである。

渡部昇一上智大学名誉教授によれば、キリスト教がヨーロッパのゲルマン人に伝えられたとき、一番障害になったのが、地獄の教えであった。そこで、宣教師たちは、ゲルマン人を安心させるため、「煉獄《れんごく》」という、キリスト教にはもともとない教えを考え出し、ゲルマン人を安心させ、入信させることに成功したという。地獄は永遠に火で焼かれる恐ろしいところであるが、煉獄は、最後の審判で天国か地獄にふり分けられる前にいる一時的な待機所《たいきしょ》であり、罪を清算《せいさん》できるところとか。

その地獄についてもセム系宗教と仏教では違うようである。

セム系宗教が教える地獄は、永遠に火に焼かれるという、恐ろしいところである。フランスの少女で英雄ジャンヌ・ダルクは捕《と》らえられ、魔女として火刑になる前に、何回殺されてもよいが、火刑だけはしないでほしい、と訴えたという。身体がないと最後の審判《しんぱん》のときによみがえれず、地獄へ行かねばならないと恐れていたからである。

日本のキリシタンが残酷《ざんこく》な拷問《ごうもん》に屈せず殉教《じゅんきょう》したのも、信仰熱心であったというだけでなく、地獄の責め苦《せく》の方がもっと長く恐ろしいからであった、と言う人もいる。

　聖アウグスチヌスは、地獄に落ちる人を同情してはならないと言っている。そこには絶望《ぜつぼう》があるだけである。たすかる道は全くない。


　一方、仏教では地獄《じごく》にたくさんの種類や段階がある。例えば等活《とうかつ》地獄、黒縄《こくじょう》地獄、叫喚《きょうかん》地獄、焦熱《しょうねつ》地獄、阿鼻《あび》地獄、無間《むけん》地獄等々二百を超える地獄があるという。

　しかし、阿弥陀経や法華経を読経したり写経すると地獄から抜け出されるという。多少の希望があるのが仏教の地獄である。

教祖《おやさま》は地獄など古い教えの恐怖と呪縛《じゅばく》から人類を解放された

　再び言う。この世のほかに地獄などはない。

　地獄を説く教えは、昔の迷信《めいしん》である。たとえ信者が何億人、何十億人いる世界宗教でも、また日本の最大の信仰集団だと言っても、地獄を説き、地獄へ行くぞと脅《おど》す教えは、本当の神様の教えではない。捨てるべき古い迷信である。本当の神様が、人間を永遠に苦しめるところを作られるはずはない。親神さまの「ふところ」に地獄はない。

人が死ぬ（出直す）と、親神さまの「ふところ」で休ませていただく。そして新しい身体をいただいてこの世に戻ってくる。死後に行き、暮らす天国や極楽、地獄などはないと教祖《おやさま》は教えられている。この世や現世を、天国や極楽にするようにしなさい、陽気ぐらしができるようにしなさい、と教えられた。

あの世のこと、死んだあとの世界や運命のことよりも、この世での幸せを何よりも大切にするようにと教えられた。

「二十一世紀は我々が救ける」とか、「我々こそ新しい世紀をになう宗教だ」と宣伝している宗教も、三大世界宗教もみな、地獄の恐ろしさを説いている。

死者を弔《とむら》い、肉親を失った人たちの心を慰《なぐさ》め、先祖を大切に思い、敬《うやま》うこと自体は、人間として大切なことであり、葬式仏教などと悪口を言うべきではない。ご苦労さま、ありがとうございます、とその労をねぎらうべきであるが……。ただそういう信仰のレベルにとどまらず、元の神・実の神を崇《あが》め尊んでいただきたいものである。

はじめて、人類を長く苦しめ、悩ませてきた多くの迷信《めいしん》やタブーから解放された

日本の病院に四号という病室がないところが多い。四は死につながると患者さんが嫌《いや》がるからである。九という数字も苦を呼ぶといって避《さ》ける人もいる。

しかし、日本語の発音がたまたま同じであるというだけのことであり、他の言語だと全くナンセンスな迷信である。

キリスト教では、十三日の金曜日はイエスが十字架にかけられた日だとして肉を食べない。これならまだ分かるが、ユダヤ教には六百十三のタブーがある。安息日《あんそくび》には、落ちたものも拾ってはいけないという。入れ歯を落としたら大変である。

次に多いのが上座部《じょうざぶ》仏教で、比丘《びく》（男性の僧）は二百五十、比丘尼《びくに》（尼僧《にそう》）は三百五十の戒律《かいりつ》がある。

食べ物のタブーのため、抗争《こうそう》の絶えないところもある。

イスラームでは豚を食べるなと言い、牛は食べるので、牛を殺さないヒンドゥー教徒と争いを繰り返している。人間が飢《う》えて死んでいるのに牛がのうのうと歩き廻っている。食

物のタブーによる気の毒な犠牲者《ぎせいしゃ》と言える。

町で売っている暦《こよみ》をみると、時間や方角《ほうがく》の吉凶《きっきょう》や日取りを決める時の吉凶表が書かれている。また六曜《よう》（註４）がある。先勝《せんしょう》は午前中は吉、先負《せんぶ》は午後は吉、友引《ともびき》はどちらでもなし。赤口《しゃっく》は正午と中間が吉、仏滅《ぶつめつ》は凶で結婚式は避けよという。厄年《やくどし》というのがあり、男性は四十二歳、女性は三十三歳が厄年で、厄払《やくはら》いとか厄落《やくお》としをしないといけないとされている。また十二支《し》のように年には動物があてられ、縁起《えんぎ》をかつぐ人も多い。

このように方角のタブー、日、曜日などのタブー、食物のタブー、女性差別を生む性のタブー、民族や人種のタブーなどが古くから人々を苦しめ、対立と抗争を生み、多くの人々を不幸にしてきた。今もしている。

教祖《おやさま》は、こうしたタブーから人類を解放してくださった。日については「皆、吉《よ》い日やで」とか「皆の心が勇む日が、一番吉い日やで」（『天理教教祖伝逸話篇』一七三）と仰せられ、古くから冠婚葬祭《かんこんそうさい》で使われる、友引とか、仏滅などの迷信を一掃してくださった。

食物も、喜んで、感謝していただけば何を食べてもよいとして食物のタブーから解放してくださった。「女松《めまつ》、男松《おまつ》のへだてない」とし、女性差別をなくし、人間は皆、兄弟姉妹であるとして、人種や民族差別の間違いを正してくださった。

こうして教祖《おやさま》は長い間人類を縛《しば》り、苦しめ、不幸にしてきた全ての迷信やタブーから人類を解放し、自由にしてくださったのである。

本当にありがたいことであり、その親心に心から深く感謝申し上げねばならない。


はじめて、この世には悪魔《あくま》も、悪霊《あくりょう》も、亡霊《ぼうれい》も、怨霊《おんりょう》も、祟《たた》るものも、憑《つ》くものも、お化《ば》けも、幽霊《ゆうれい》もいないと教えられた

人類は長い間、霊についての迷信に苦しめられてきた。呪縛《じゅばく》されてきた。死霊《しりょう》や悪霊、怨霊、邪霊、亡霊などの祟《たた》りを恐れて生きてきたのである。

日本でも、縄文時代に死者を埋葬《まいそう》したとき屈葬《くっそう》というのがあった。これは死体を折り曲げてヒモでしばる。死霊がこの世に出てきて災いをもたらさないかと恐れたからであるとされている。

二十万年前のネアンデルタール人の頃から、死者の霊の祟りを恐れたと思われる遺跡《いせき》がある。

日本の平安時代には怨《うら》みをもって死んだ人の死霊や悪霊が、怨霊となって人々に祟ると恐れ、そうした霊を鎮《しず》めたり、慰《なぐさ》める行事が行われた。菅原道真《すがわらみちざね》の北野天満宮などがそれである。

人間の死霊だけではない。生霊《しょうれい》の祟りや、動物の霊や古い刀、剣や骨董品《こっとうひん》なども祟ると恐れられていた。

キリスト教には神と同じ霊的な存在として、悪魔（サタン）がいて、神に刃向《はむ》かい、神の救いを妨《さまた》げ、人間に災いをもたらすと教えている。悪魔にもたくさんの種類があるとし、悪魔辞典が何冊も出ている。ヨーロッパでは十三世紀から十九世紀まで多くの女性が悪魔と交わり悪いことをした魔女として処刑された。

今でもカトリックの一部の教会では、悪魔祓《あくまはら》いの儀式が行われている。

プロテスタントの牧師が書いた本に、日本の新宗教は悪魔の仕業《しわざ》であるというのがある。ユダヤ教も悪魔の存在を教えている。

イスラームにも悪魔はもちろん、その他に小鬼《しょうき》、幽鬼《ゆうき》などの教えがある。

日本の新新宗教と言われるものの多くは、西山茂氏の言う「霊術系《れいじゅつけい》の宗教」で、さまざまな悪い霊の祟《たた》りを強調して信者を不安にし、恐れさせている（日本の霊術系宗教については、『あらきとうりよう』一八五号・瀬戸嗣治氏「霊術系新宗教の教義及び教説について」を参照）。

何十万年にわたって人類を苦しめてきた、迷信の一つである悪しき霊の存在やその祟りを、教祖《おやさま》は、そんなものはないとはっきり教えてくだされた。

このよふにかまいつきものばけものも
かならずあるとさらにをもうな　（十四　16）

と教えられる。おさしづにも、「憑《つ》きもの化《ば》けもの、心の理が化けるで（明治25・4・19）」と仰せられている。悪魔、サタン、悪霊、亡霊、怨霊、その他のすべて祟り霊の存在をきっぱりと否定し、その恐怖から解放してくださったのである。

「おふでさきに」に、

人間可愛い一条の親神さまが、自分が創り出しご守護くだされている世の中に、災いをもたらし人間を苦しめるような悪いものを存在させ、悪いことをさせておられるはずはない。

ところが残念ながら世界中の多くの人はまだ、この迷信に捕《と》らわれ、縛《しば》られて、恐れおののき、苦しんでいる。残念であり、気の毒である。

早く教祖《おやさま》の御教えを拡め、人々を愚《おろ》かな迷信から解《と》き放《はな》し、たすけなければならない。

はじめて、人間を苦しめる悪しきこと、不幸、不運の本当の原因は何かを教えられた

今までは、不幸・災難《さいなん》などの原因は、神の怒りとか天罰《てんばつ》とか、悪魔や悪霊のせいにしてきた。

仏教には自業自得《じごうじとく》という教えがあるが、たくさんの悪業《あくぎょう》を重ねた、人の力ではどうにもならない運命的なものであり、諦《あきら》めるしかないと教えている。

教祖《おやさま》はそれに対して、すべての悪《あ》しきことの本当の原因は、人間に許された心の自由を、親神さまの思召に反するような使い方をしたことが原因となっていると教えられた。

悪しきことは、誤《あやま》った心の遣い方によって、心にほこりを積み、心がゆがみ、汚《けが》れてい

ることを、親神さまがおしらせくだされている姿である。

そのことを自覚し、反省し、心の汚れを清めれば、お救《たす》けくださるのである。

自分の心遣いにすべての責任があり、そのことを知り、反省し、心の浄化《じょうか》に努めていくと、ご守護があり、救けていただけるというありがたい教えである。自力《じりき》（人間の努力）と他力《たりき》（神様のご守護）の二つが相まって、悪しきことからの救いが実現する。

「あしきを払う」努力はいつも根気よく行うことが必要であるが、いずれ、いつかは必ずご守護をいただけるという希望を持って生きるよう、お励《はげ》ましくださっているのである。

人間の自主的で主体的な努力を一番尊重してくださる。

はじめて、人間の自然な生き方とは何かを教えられた

体内にはその人が暮らしている、土地、地域の一日二十四時間に合わせた二十五時間の体内時計がある。

このリズムに合わせて生きると健康になれる。そのリズムに合わない生き方をしている

と、健康をそこねることになる。

お道では、朝のおつとめは朝日の出る時間、夕づとめは、日が沈む時間に行われる。朝と夕方の時間のリズムに合わせて、日々のおつとめを勤《つと》める教えは他にない。大自然のリズムに合わせて生きる生き方の大切さの教えである。

お道では、朝起きの大切さを教え、自然のリズムを正しく守る生き方をすすめる。

インターネットで海外と取引する人や時差《じさ》ぼけに悩む国際線パイロットや、深夜や二十四時間営業に従事する人々は、体内時計がいつも狂う生活をしている。現代文明に生きる人々の宿命《しゅくめい》かもしれない。

しかしそれは、自然のリズムに逆《さか》らった生き方であり、必ず何かの形の健康障害を生む。出来るかぎり、自然のリズムに合った生き方をするよう、またそれが出来るように努力していかねばならない。

親神さまがお許しくだされている百十五歳まで、病まず弱らず健康に生きるためには、天然《てんねん》自然《しぜん》の理にそった生き方が必要である。

はじめて、人間の寿命は百十五歳とし、長生きを許された

織田信長が、桶狭間《おけはざま》の合戦に出陣《しゅつじん》する前に舞った幸若舞《こうわかまい》「敦盛《あつもり》」にある「人間五十年、下天《げてん》の内をくらぶれば、夢幻《ゆめまぼろし》のごとくなり」は有名である。

縄文《じょうもん》時代の平均寿命《じゅみょう》は三十五歳未満であった。

日本では昭和二十三年になってやっと、男の平均寿命は五十歳、女性五十四歳になったという。それよりはるか前に、教祖《おやさま》は人間は百十五歳まで生きると教えられた。大きな希望をお与えくださったのである。

それも一人や少人数の人だけが長寿《ちょうじゅ》を完《まっと》うするというのは、陽気ぐらしではない。すべての人がみな、百十五歳まで生きることのできる世界こそ、親神さまが望まれている陽気ぐらしの世界である。

人々の健康と長寿を約束される教えである。

はじめて、病（身上《みじょう》）たすけのおさづけをお与えくだされた

一九六〇年代のアフリカ・コンゴでのことである。治療出来ないとなると、入院患者は強制退院させられる。家族は、キリスト教会に行っても、あの世へ行くための祈りはしてくれるが、病たすけはしてもらえないので、お道の教会に連れてくる。

そういう瀕死《ひんし》の病人に、ありがたいおさづけを取り次ぐと不思議なご守護がいただける。

親神さまは病むことはつらいことだから、たすけてやりたいと、「おさづけの理」をお与えくださった。

おさづけは、言うまでもなく祈禱師《きとうし》や呪術師《じゅじゅつし》の行う「拝《おが》み祈禱《きとう》」ではない。親神さまのご守護を取り次ぐのである。

おさづけと祈禱や法術《ほうじゅつ》が根本的に違うのは、人間の超能力とか霊能力とか念力《ねんりき》などでたすけるのではなく、救けてくださるのは親神さまのご守護である。

拝み祈禱は、病治しだけがその目的である。

おさづけは、病治しと共に、その病の元となっている心や魂の汚れやゆがみを治し、成人が足らないために生じる心の病を治すのである。病の元、病の根を切るのである。

おさづけは心（魂）と身体、双方のたすけであり、救《すく》いである。おさづけは心身を併《あわ》せもつ全人的なたすけであり、救いである。

ありがたいことに、真柱の理を定められた

キリスト教は、イエスをキリスト（救世主《きゅうせいしゅ》）と信じる教えであるが、そのイエス・キリストの教えを正しく伝え信仰者を導くのは誰なのか。

カトリックの教会では、教皇（法王）が地上における神の代理人であるとする。しかし、同じキリスト教でありながら、東方《とうほう》正教会（ギリシア正教《せいきょう》）はそれを認めない。プロテスタントの各派も、イギリス国教会も認めない。

各派がそれぞれ、イエス・キリストの教えを正しく伝え導いていると主張しているが、キリスト教信者にとっては、どれを選べばよいか迷うことであろう。

仏教も、何千何万とある宗派のどれが、釈迦《しゃか》の教えを正しく伝え導いてくれるかわからない。それぞれが、我こそ釈迦の真説を受け継《つ》ぐ宗派だと主張する。

釈迦の教えが伝えられているというお経《きょう》も何千種もあり、どれがいったい本当の釈迦の教えを伝える経典《きょうてん》なのかわからない。仏教者の中には、どれもこれもみな釈迦の教えであると言う人もいる。

教祖《おやさま》は、お道の信仰の芯となり、教えを正しく導く立場として真柱《しんばしら》という尊い理を定められた。そのおかげで、お道の信仰者は真柱様のお導きにより、教祖《おやさま》のみ教えに基づく正しい信仰をさせていただけるのである。

繰り返すが、キリスト教徒は、カトリックの教皇《きょうこう》かギリシア正教の大司教《しきょう》か、プロテスタントの牧師《ぼくし》か、誰がイエス・キリストの教えを正しく伝え信仰を導いてくれるか、戸惑《とまど》い悩まねばならない。

仏教徒も同じことである。大乗《だいじょう》仏教か上座部《じょうざぶ》仏教か、密教《みっきょう》か、弘法大師《こうぼうだいし》空海《くうかい》か道元禅師《どうげんぜんし》か、親鸞聖人《しんらんしょうにん》か日蓮聖人《にちれんしょうにん》か、どれが本当の釈迦の教えを伝え、導いてくれるのかわからず、迷わなければならない。

イスラームの場合もスンニー、ワッハーブ、シーアなど数多くの分派があり、それぞれが正統性を主張している。

お道はその点、ありがたい。教祖《おやさま》が定められ、ご存命の教祖《おやさま》に代わって、目となり耳となり、口となってお導きくださる真柱様がおられる。そのおかげで親神さま、教祖《おやさま》のみ教えに基づく正しい信仰をさせていただけるのである。

はじめて、生き抜く殉教《じゅんきょう》の道を教えられた

「殉教《じゅんきょう》」と言うとキリスト教を思いだすが、イエスは殉教をすすめていない。

信仰者の理想の姿として、十六世紀のキリシタンの殉教が讃《たた》えられる。どの教えでも、殉教者は尊敬され讃えられる。

しかし、「マタイによる福音書」10―23には、

「一つの町で迫害《はくがい》されたときには、他の町へ逃げて行きなさい」

と書いてある。

生命を捨てるのが信仰熱心の証《あかし》という信仰は、少なくとも新約聖書にはない。

キリスト教で殉教が始まったのは、西暦三十年代の殉教者ステファノの時からであると言われている。

殉教はその頃から、イエスの受難死《じゅなんし》になぞらえられ、殉教したら天国行きのパスポートを手に入れることが出来るという信仰が生まれた。

むやみに殉教することは、生命の無駄《むだ》ではないかという見方もできる。生き抜いて教えを伝え、信じることの方が大切である。

トインビーは、ローマの裁判官たちが、死刑を宣告《せんこく》したがらなかったのに、キリスト教徒はわざと死刑判決が出るようにと熱心に願ったと書いている（トインビー『現代宗教の課題』）。

お道では、笑われそしられても、「はいはいと這《は》い上がれ」と教えられ、どんな厳しい迫害を受けてもじっと耐《た》えしのんで生き、やがて相手が成人して自分の過《あやま》ちを認めるまで待ち、耐え抜く信仰を教えられた。親神さまは必ずおたすけくださることを信じて、我慢《がまん》し、耐えしのび、生きつつ行う殉教を教えてくださったのである。

道の先人は生きながら殉教の道を歩まれたのである。

教祖《おやさま》が定命《じょうみょう》を二十五年縮《ちぢ》めて現身《うつしみ》を隠されてから、急速に教勢が拡大するにつれて、檀《だん》家《か》をとられたと怒り狂う仏教勢力や患者を取られると怒る医師たち、それに新宗教の急速な拡大を警戒する政府と官僚、マスコミが一体となり、天理教撲滅《ぼくめつ》運動を全国で展開した。明治二十九年には内務省はひそかに全国の警察当局に、天理教を厳重《げんじゅう》に取り締まり、制圧《せいあつ》せよという、いわゆる「秘密訓令」を出した。

明治四十二年の国会でも衆議院で、天理教を解散させる法案が通ったが、貴族院で審議未了となった。

このような過酷《かこく》な迫害《はくがい》、統制《とうせい》、強圧《きょうあつ》の中で数百万の信者の信仰の燈《ひ》を消すまいと必死に努力され、ひそかに千回泣いたと洩《も》らされた初代真柱様は、まさに生き抜かれた殉教者であった。

二代真柱様は若くして真柱（当時は管長）となられたが、昭和十年代に、国がしだいに軍国主義国となり、次々と教義や祭儀に干渉《かんしょう》し、統制と管理を強化してきた。全世界を相手にする大戦中、軍や政府は本教を解散させようとした。しかし六百万の熱烈な信仰集団を潰せず、いろいろと無理難題な協力を命じてきた。それに対し、筋《すじ》は通しつつ協力を最小限にとどめ、信仰の火を消すまいと、必死に耐《た》えしのび、本教を存亡の危機から守り抜いてくださったのである。

中尊寺の元管主で作家の今東光《こんとうこう》師は、本教が潰されなかったのは奇跡であると、幾度も言っている。

教祖《おやさま》は「たにそこせりあげ」の生き方を教えられた。

どん底のような厳しいところにいても、決してめげず、屈せず、ご守護を信じ、希望と夢をもち、勇気を出して信仰一すじに生きぬく生き方を教えられた。どん底からやり通す覚悟をもてば、こわいものなしである。谷底から、高山に登る夢と希望が湧《わ》き上がってくる。

どんな苦難《くなん》や悲劇《ひげき》に見舞われても、決して絶望《ぜつぼう》せず、雄々《おお》しく生き抜く道を教えられたのである。

はじめて、本当の聖地を明らかにされた

どの宗教にも、宗祖や開祖の生誕地《せいたんち》など、聖地がある。

世界中の注目をあびているのが、ユダヤ教、キリスト教、イスラームの三宗教の聖地、

エルサレムである。ユダヤ教徒にとっては、神殿のあったところである。キリスト教徒にとっては、イエス・キリストが十字架にかかり、そののち復活《ふっかつ》したところである。イエスの墓（聖墳墓《せいふんぼ》教会）がある。

イスラームにとっては、ムハンマドが天に昇ったところである。

この三つの宗教の聖地がこの狭《せま》いところに密集し、二千年間争いをつづけている。

イスラームにとっては、その他にも聖地がある。イスラームの三大聖地メッカ、メディナ、エルサレム。中でも、メッカは、ムハンマドの生地で最初に説教をしたところである。そこにカーバ神殿があり、黒い石がある。イスラームが始まる前の黒石崇拝のあとである。

お道の聖地、ぢばは、各宗教の聖地とは全く性格がちがう。ぢばは、人間宿しこみの聖地である。人間創造の聖地であり、それはぢばだけである。人間世界の元初まりの聖地、人類創り出しの聖地はぢばだけであり、他にはない。

ぢばには、親神さまがお鎮まりくだされ、ご存命の教祖《おやさま》がおはす。親神さま、教祖《おやさま》、ぢばはその理一つであり、天理王命の神名がつけられている。世界だすけの発動《はつどう》の根源《こんげん》である。

他の教えの聖地とは、その尊さ、偉大さ、神聖《しんせい》さ、救済《きゅうさい》の上での意味と価値の大きさにおいて較《くら》べようがない。

はじめて、宗教修行《しゅぎょう》の、苦行《くぎょう》から解放してくださった

今まで宗教家は、人里《ひとざと》離れた山中や深い森の中で、厳しい修行をしたり、生命の危険をおかす荒行《あらぎょう》を行い、世間や日常生活から超脱《ちょうだつ》する生き方を理想としてきた。この世でのすべての欲望を忘れ、物質的な幸せや家庭の幸福を捨て、修道院《しゅうどういん》で神への奉仕と祈りに生涯を捧《ささ》げる姿はまことに尊い。神に人生のすべてを捧げきった姿には頭の下がる思いがする。

しかし、親神さまは果たして人がこの世を捨て、厳しい戒律《かいりつ》を守り禁欲《きんよく》の生涯を送ることを、お喜びくださるであろうか。与えられた神の恵みをいただき、仕事にはげみ、家庭をいとなみ、子供を育て、社会を立派なものに作り上げていく生き方こそ、真の神が望まれる生き方ではないのだろうか。

教祖《おやさま》は、「里《さと》の仙人《せんにん》」の生き方こそ本当の宗教者や信仰するものの生き方であると教えられた。孤独《こどく》の中で、荒行や苦行に身体をさいなんだり、静かなところで深い瞑想《めいそう》にふけり祈る生活より、もっと大切なことがある。それは、人だすけの生き方である。人々が住み、働き、生きる日常の生活の場からはなれず、人々と共に生き、共に泣き、共に笑い、汗を出しながら、親神さまに祈り、人だすけに誠を尽くす里の仙人の生き方こそ真の宗教家、信仰者の生き方だと教えられた。

凍《い》てつく雪や氷の中で荒行し、祈る人の姿は尊いが、教祖《おやさま》は日常生活の中で、教えを守り、人々の苦しみや悩みを共有《きょうゆう》して、共に泥をかぶり、共に汗をながしながら、人々を幸せな生き方に導くことの大切さ尊さを教えられた。人々と共に生き、力を合わせて、よりよい世界を創《つく》る道を教えられた。あの世ではなく、この世に陽気ぐらし、すなわち極楽世界をつくるようにと教えてくださったのである。

経済的、物質的豊かさも大切であることを教えられた

親神さまの思召は、陽気ぐらしをさせてやりたいということである。食べる物がとぼしかったり、住む家もなく、寒さをしのぐ衣服もないような生活をしていては陽気ぐらしは出来ない。陽気ぐらしには、必要最小限の食物や衣類、住居がいる。教祖《おやさま》は、農産物を豊かに実らせ、海では大漁となり、家畜はよく太り、商業も盛んで、工業生産も伸び、経済が繁栄《はんえい》するようにと、ご守護くださっている。「ところ繁盛《はんじょう》」が親神さまのお望みである。人間が生きている所はどこでも、生産物がたっぷりあり、経済活動も盛んで、人々は物に不自由なく生きることを望まれているのである。

はじめて、人間と他の生物は生命の歩みを共にしてきたと教えられた

最初に生み出されてから、人間の生命は、幾度も多くの生物に生まれ替わって成人して

きた。

五分から生み出され、五分五分と成長し三寸になったとき皆出直《でなお》すが、また五分から生まれ、三寸五分になってまた皆出直す。そして三度目に五分から生まれて四寸に成長し、さらに虫、鳥、畜類《ちくるい》などと八千八度の生まれ替わりを経て、めざるが一匹残り、そこから男五人女五人の人間が生まれたとお道の創造説話に教えられている。

人間となるまでに多くの生物の歴史をたどっているということである。他の生命体や生物と人間とは、生命として繋《つな》がっているのである。

キリスト教では、人間と動物などの生物とは何の繋がりも関係もない。人間は動物を支配するものとして創られた。人間が全ての生物界に君臨《くんりん》し、生物を支配するという、人間中心の教えである。

はじめて、人のいのちの尊さの本当の理由を明らかにされた

陽気ぐらしするのを見て共に楽しみたいとの思いから、親神さまがいろいろと準備を重ね、苦労して最初の生命を生み出された。そのあと何億年という長い長い歳月をかけて、

さまざまな生物として成長し人間となったのである。

人間のいのち（身体）には、その生命がたどった何億年の歩みの歴史が息づいており、こもっているのである。言わば一人ひとりの人間の生命は何億年もの昔からつづく親神さまのご守護の結晶《けっしょう》である。

さらに今なお、これからも、身体といういのちの中で、親神さまは、十全のご守護をくださり、生命を支《ささ》え、生命を育ててくださるのである。

お道の身体（いのち）の教えは、他にない本当のヒューマニズムの教えであり、人間愛の教えである。親神さまの丹精によって出来たいのち（身体）は、地上の宝物である。その貴《とうと》さ、ありがたさがわかれば、誰もそれに傷つけようとは思わないだろう。

お道の身体観こそ真の人類愛と平和を生むのである

真の平和はこの正しい身体（いのち）の自覚から生まれるであろう。人類の全ての人、一人ひとりは何億年もかけて育《はぐく》み育てられた長い長いご守護の結晶であり、何億年の生命の歴史を内に宿している貴重《きちょう》なものだとわかれば、それを傷つけたり、失わせてはならないことは理解できるであろう。戦争やテロで殺害するなど、もっての他である。それこそ親神さまの思召に反し、親神さまを嘆《なげ》き悲しませることになるからである。

はじめて、本当の平和はどうすれば実現するかを教えられた

人類の歴史は戦争の歴史である。石器時代から人間は戦ってきた。この攻撃性は、狩《しゅ》猟《りょう》採取《さいしゅ》時代から遺伝子にくみこまれ、本能となったからなのか、それとも脳の前頭連合野《ぜんとうれんごうや》群《ぐん》が発達することで競争心が生まれたからなのかとか、いろいろな説がある。

人類は長く平和を求めてきた。カントは『永久平和論』を書き、多くの宗教者も愛と平和を教えている。しかし残念ながら、西暦二十一世紀になっても、破壊力《はかいりょく》を増す兵器はどんどん新しく開発され増産《ぞうさん》され、売られている。世界各地でテロ、内戦が繰《く》りひろげられている。平和な状態は軍事力のバランスでやっと保たれているのが現実である。それはケネディ元米国大統領の言うように、ダモクレスの剣（註5）の下で、戦力のバランスをとることで、ようやく世界大戦は避《さ》けられているという危《あぶ》ない状態である。もし頭上に落ちたら破滅《はめつ》しかない。

真の平和は、果たしていつ実現するのか。真の平和の教え、すなわち陽気ぐらしの教えが世界に拡まり、人間の心が成熟《せいじゅく》し、成人する日が来てはじめて実現する。しかし現実には、真の平和の教えではなく、戦《たたか》い（聖戦《せいせん》）をすすめる教えや、他宗を認めない教えが世界中で多くの人々に信仰されている。

親神さまは、戦いや争《あらそ》いをしないように、人間創造の目的、その存在意味をはじめて明らかにし、おつとめを教えてくださったのである。おつとめによって、元初まりの時の創造の神、親なる神の思召を知り、一れつ兄弟姉妹の真実を知るとき、争いではなく助け合い、奪《うば》い合いでなく与え合い、報復《ほうふく》し合いでなく許し合いの心になる。そのとき初めてこの世に、まことの平和、すなわち陽気ぐらしが実現するのである。

はじめて、明るい希望にみちた未来の歴史を明かされた

この世の終わりと、最後の審判《しんぱん》（裁《さば》き）を言いだしたのは、紀元前六世紀に成立したペルシャ帝国の国教であったゾロアスター教である。

ゾロアスター教の世の終りと審判の思想が、ユダヤ教に入り、キリスト教、イスラーム

に受けつがれている。ここ二千年間に、数えきれないくらいの多くの、終末《しゅうまつ》の予言が出された。最近ではノストラダムスの予言で、この世界は一九九九年七月に恐怖の大王が天から降《ふ》ってきて大破局《はきょく》が地球を襲《おそ》い、世は滅《ほろ》ぶと言った。大ウソであった。オウム真理教の麻原もそれを利用し、一九九九年九月二日に終末が来ると言って、多くの信者を犯罪人にした。

仏教の一部でも、釈迦が教えていない末法《まっぽう》（釈迦の教えは実行されず、救いもない世の末）思想をもち出している。釈迦がそんな教えを説かれるはずはない。自分が悟りを開いた真理——四聖諦《ししょうたい》、八正道《はっしょうどう》（註6）などは永久不変《えいきゅうふへん》であり、行末《いくすえ》長く広めよと教えられているはずである。某学会は、釈迦は末法では排仏《はいぶつ》（オシャカ）であり、自宗の開祖こそ末法の本仏だと言って他の仏教各派から総スカンをくっている。

みなウソであった。ニセの予言にたぶらかされて、悲惨《ひさん》な人生を送った人は数えきれない。だます方も悪いが、だまされる方も良くない。

この世界と人間を創り、守り育《はぐく》んでいる神が、この人間世界をとつぜん滅《ほろ》ぼすはずがないではないか。何億年と手塩《てしお》にかけて育ててきた人間を悲惨な目に合わし、一部の人間だけを救い、他の多くを地獄にたたきこんで苦しめる神など実在しない。そんなことをするのがいたら、それこそセム系宗教の言う悪魔・サタンである。

親神さまは、人間が心の成人をとげるにしたがい、世界はしだいに夢と希望にみちた、陽気ぐらしの世界へと歩みつづける。人間の未来は、こうして末広《すえひろ》がりに良くなっていくという明るく希望にみちた未来をお約束になった。人間の努力とそれに対して親神さまがくださる守護とによって、この世界は一歩一歩よりよい世界へと立ち替わり、世直《よなお》しが行われるのである。明るい希望に満ちた未来を創り上げていく生き方を教えられた。お道の教えこそ人類の本当の親なる神の教えである何よりの証《あか》しである。

お道は果てしなくつづく希望の道の教えである

キリスト教（カトリック）では、死ぬとしばらく煉獄《れんごく》にいて罪を洗い清め、最後の日を待つ。そして天国に迎えられる者と地獄へ行く者とに選別《せんべつ》される。

人間すべてが、天国へ行けるのではない。地獄へ堕《お》ちる人もいる。そちらの方が多い。

仏教では、お釈迦様は死後の運命については一言も話されなかったという。その後、ヒンドゥー教の影響などをうけて、六道輪廻《ろくどうりんね》（天道・人道・畜生道《ちくしょうどう》・修羅道《しゅらどう》・餓鬼道《がきどう》・地獄道《じごくどう》）の教えが入ってくる。人間はこの六つの世界をぐるぐる永久に廻《まわ》らねばならない。輪廻《りんね》することは、決して幸せなことでなく、苦しいことで、この永久の鎖《くさり》の輪から抜け出せれば、すなわち解脱《げだつ》すれば救われるという。

お道では、人生は今世で終わるのでなく、前世から来世へと次々と生まれ替わっていく。それは決して輪廻《りんね》のように同じ運命の、永劫《えいごう》の繰り返しではない。この世に生まれ替わってくるが、今世での努力しだいでは、来世ではよりよい状態で生まれ替わっていく。前世、現世、来世と果てしなくこの世に生まれ替わり、だんだんと成人した人間となり、それにともなって世界もだんだんよりよいものになっていく。そして人々もより幸せな人生を送ることができる。

末代につづく、より幸せな人生と世界創造という、希望にみちた人間の成長と社会の発展の生き方が教えられたのである。

・註1……弥勒菩薩《みろくぼさつ》
釈迦が亡くなってから五十六億七千年後に、再びこの世に現れ、釈迦の教えで救われなかった人々を救済する弥勒仏《みろくぶつ》。
・註2……ジェームズ・アッシャー大主教
英国国教会のアイルランド大主教。ケンブリッジ大学副総長とともに、聖書の記述から逆算して天地創造までの時間を計算した人。
・註3……ユニテリアン
キリスト教で、これまで指導的に用いられてきた三位一体《さんみいったい》（父と子と聖霊）の教理を否定し、神の唯一性《ゆいいつせい》を強調するプロテスタントの一派。
・註4……六曜
暦註の一つで、先勝、友引、先負、仏滅、大安、赤口の六種の曜がある。
・註5……ダモクレスの剣
古代ギリシアの故事《こじ》で、栄華《えいが》の中にも常に身に迫る一触即発の危険な状態を言う。
・註6……四聖諦、八正道
四聖諦は、釈迦が悟りに至る道筋を説明するために、現実の様相《ようそう》とそれを解決する方法として説いた四つの真理である「苦・集・滅・道」のこと。八正道は「正見、正思惟、正語、正業、正命、正精進、正念、正定」の八種の徳のこと。

あとがき

『天理教教典』の第十章に、真正《まこと》の平和とか真の平和など、平和という言葉が六回出てくる。そして、結論として、

「道の子は、存命のまま導かれる教祖《おやさま》に抱かれ、ひたすら、世界人類の平和と幸福を祈念しつつ、たすけの道に弥進《いや》む。

このみちハどふゆう事にをもうかな
このよをさめるしんぢつのみち　(六　4)」

という言葉で締めくくられている。

このように、世界の平和を強調している教典をもっている教えは世界のどこにもない。

現在、世界が直面している危機を救うのは、この平和の教えとも言うべき本教を世界中に広めるより他にない。

私たちようぼくは、この世治める真実の道を一日も早く全世界に広めていくという重大な使命を担《にな》っている。

この拙著が、親神様・教祖《おやさま》の御教えだけが世界の人々に真正《まこと》の平和と幸せをもたらす教えであるという、確固たる信念と誇りと夢をもって、世界だすけに懸命に努力していただくのに少しでもお役に立てば、この上のない幸せです。

立教百八十年を迎えた年にこの本が生まれたのは、養徳社社長の冨松幹禎先生（本部員）、編集部の皆様、そして瀬戸嗣治氏、早田一郎氏、荒川善孝氏、春日義幸氏の献身的な協力のお陰です。

衷心より感謝いたします。

立教百八十年一月吉日

飯田照明

著者略歴

飯田照明（いいだ・てるあき）
昭和4年（1929年）奈良県桜井市生まれ
天理語学専門学校イギリス語部卒業
大阪大学文学部哲学科卒業
シカゴ大学留学　パリ（ソルボンヌ）大学留学
天理大学名誉教授（比較教義学、比較宗教学、宗教哲学）
天理図書館前館長
別席取次人（英・仏）　櫻井大教会・鳥見山分教会教人

海外での講義・講演・教話
元インディアナ大学交換客員教授（日本の宗教哲学）
ハーバード大学世界宗教研究所で講演（おつとめについて）
メリーランド大学で講演（教祖について）
陽気ぐらし講座の講師としてアメリカ各地で教話
フランス・ボルドー教会（櫻井大教会部内）にて教話

だめの教えって素晴らしい！

誰でもわかるキリスト教、仏教、イスラームとの違い

著　者	飯田照明
発行者	冨松幹禎
発行日	立教 180 年（平成 29 年）2 月 26 日初版第 1 刷発行
	立教 181 年（平成 30 年）1 月 26 日 同 第 2 刷発行
発行所	図書出版　養徳社
	〒 632 − 0016　奈良県天理市川原城町 388
	電話（0743 − 62 − 4503）振替 00990 − 3 − 17694
印刷・製本	（株）天理時報社
	〒 632 − 0083　奈良県天理市稲葉町 80

ISBN978-4-8426- 0121-2　定価はカバーに表示してあります。